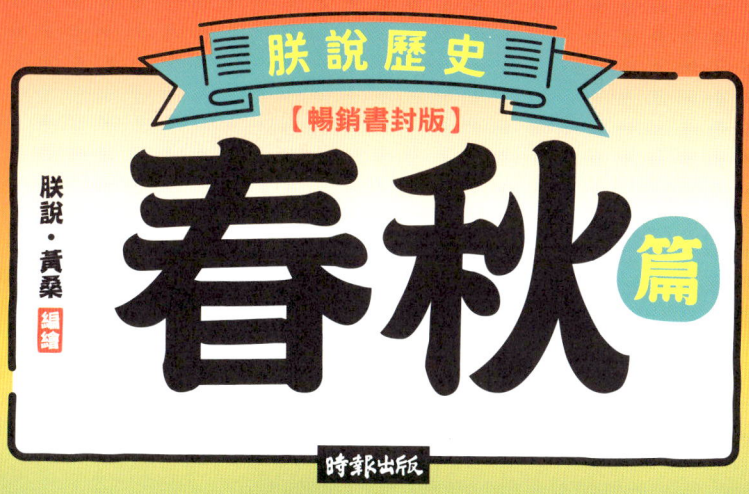

朕說歷史 春秋篇【暢銷書封版】

編　　繪——朕說・黃桑
主　　編——王衣卉
責任企劃——王綾翊
書籍裝幀——evian

總 編 輯——梁芳春
董 事 長——趙政岷
出 版 者——時報文化出版企業股份有限公司
　　　　　108019 臺北市和平西路 3 段 240 號
　　　　　發 行 專 線—（02）2306-6842
　　　　　讀者服務專線—0800-231-705・（02）2304-7103
　　　　　讀者服務傳真—（02）2304-6858
　　　　　郵　　　　撥—19344724　時報文化出版公司
　　　　　信　　　　箱—10899 臺北華江橋郵局第 99 信箱
時 報 悅 讀 網—http://www.readingtimes.com.tw
電子郵件信箱—yoho@readingtimes.com.tw

法律顧問—理律法律事務所 陳長文律師、李念祖律師
印　　刷—華展印刷有限公司
初版一刷—2021 年 11 月 5 日
二版一刷—2025 年 2 月 28 日
定　　價—新臺幣 420 元

時報文化出版公司成立於 1975 年，並於 1999 年股票上櫃公開發行，
於 2008 年脫離中時集團非屬旺中，以「尊重智慧與創意的文化事業」為信念。
版權所有・翻印必究（缺頁或破損的書，請寄回更換）

本作品中文繁體版通過成都天鳶文化傳播有限公司代理，經鹿柴（天津）文化傳媒有限公司授予時報文化出版企業股份有限公司獨家發行，非經書面同意，不得以任何形式，任意重製轉載。

朕說歷史. 春秋篇〔暢銷書封版〕/黃桑編繪. --
二版. -- 臺北市：時報文化出版企業股份有限公司, 2025.02
320面 ; 14.8×21公分
ISBN 978-626-419-262-0(平裝)

1.CST: 春秋史 2.CST: 通俗史話

621.62　　　　　　　　　114001468

ISBN 978-626-419-262-0
Printed in Taiwan

朕說宮廷檔案

黃桑

一個集傻萌與貪吃於一身的皇帝，
日常抖機靈，
毒舌聊八卦，
資深「窮（嗶～）肥宅」，卻胸懷整個天下。

朕說宮廷檔案

朕說歷史・春秋篇◎朕說宮廷檔案◎

小太監

善良可愛，敏感細膩，
照顧黃桑的飲食起居，
是宮裡深得人心的小暖男。

朕說宮廷檔案

錦衣衛（保鑣）

宮裡的「顏值擔當」，
身手不凡，冷酷面癱，
原是被派來刺殺黃桑的殺手，
被黃桑當場高價收買。

朕說歷史・春秋篇 ◎ 朕說宮廷檔案 ◎

朕說宮廷檔案

朕說歷史・春秋篇 ◎ 朕說宮廷檔案 ◎

然鵝

一隻永遠都吃不飽的鵝,
處於食物鏈的最底層,
是黃桑的寵物,
雖然一直被黃桑欺負,
卻幻想著有一天能制霸皇宮,
嫦鵝的男朋友。

蛋是

一隻有著特殊蛋蛋的柴犬,
看家護院,
皇宮必備。

大利

一隻脾氣暴躁的大雞，
皇宮年度吉祥物，
被賜號「大雞大利」。

目錄

012 春秋歷史太過亂亂亂？朕這就給你說分明
　　　──春秋歷史脈絡

026 奔跑吧，公子！
　　　──齊桓公即位爭霸

038 霸道總裁背後的男人
　　　──管仲輔助齊國強大

052 打不贏？我有無敵嘴炮！
　　　──晏嬰苦撐，齊國迴光返照

066 身有畸形，流浪十九年後成功上位！
　　　──晉文公接手春秋霸業

082 偶像養成大作戰
　　　──晉楚爭霸

096 晉國版《權力的遊戲》
　　　──國君與卿大夫

118 六卿家族瓜分晉國大戰
　　　──晉國國君政權旁落

134 因為一頂綠帽，廢柴之王崛起了
　　　──楚莊王成新春秋霸主

150 又一頂綠帽引發的連鎖反應，讓楚國差點亡國
―― **秦楚聯姻**

166 春秋第一星探成就吳國霸業
―― **吳王闔閭與伍子胥**

186 吃屎吃出真感情
―― **夫差與句踐**

202 戰敗後，一國之君當了鏟屎官
―― **吳越爭霸**

220 真・陰招之王
―― **越王句踐滅吳**

238 中國貴族精神唯一代言人
―― **「呆萌傻」宋襄公**

258 春秋最強心機 boy
―― **「春秋小霸」的崛起與衰落**

274 工作絕緣體，在副業上取得的成就卻無人能比
―― **孔子**

298 終結者的前身竟然是「原諒帝」
―― **秦穆公霸西戎**

317 春秋大事紀年表

318 芳名榜

第一章

春秋歷史太過亂亂亂？
朕這就給你說分明

——春秋歷史脈絡

說起春秋戰國的歷史，很多人腦中就一個想法：

亂！

很亂！

非常亂！

對於很多同學來說，他們對春秋戰國的大概印象就是——

一堆諸侯國突然從大地上冒出來，

玩起了打仗殺人的血腥比賽。

這段歷史更是累壞了考場上的國家幼苗、偉大事業的接班人。

那麼，既然朕如此博學多才又可愛，

就先順一順**春秋史的脈絡**吧。

要說春秋史，那得從商朝末年講起……

商朝末年，**商紂王**花樣作死，又殘暴又驕奢淫逸，不僅在酒池肉林裡羞羞臉地開裸體 party，還發明了炮烙之刑，不開心就把人當烤串烤了玩，引起了老百姓的強烈不滿。

於是**周武王姬發**起兵討伐紂王。

這就是真人版的**《封神榜》**。

滅掉商朝之後，一個大難題擺在周朝人面前：

國土太大、人民太多，非常不好統治。

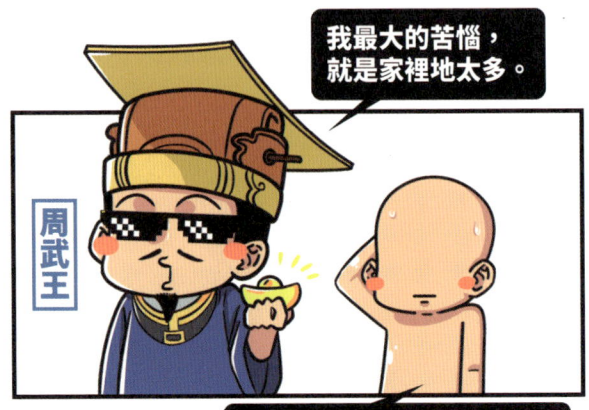

==周武王==的弟弟==周公旦==想出一個絕妙的解決方案——

把土地分封出去,

讓宗室、功臣、前朝貴族都得到一塊土地,

成為一國==諸侯==。

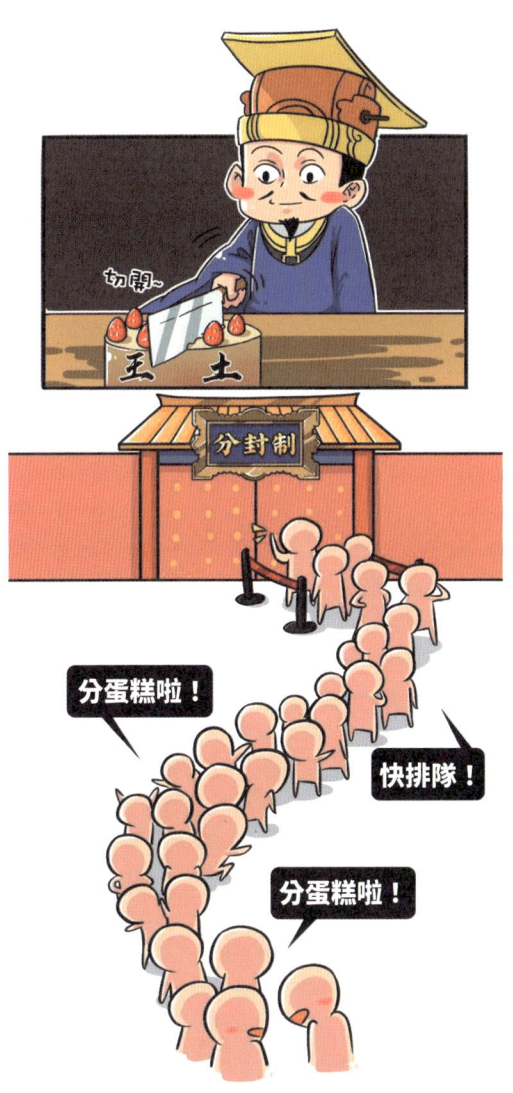

朕說歷史・春秋篇 ｜ 春秋歷史脈絡

這就是傳說中的**「分封制」**。

然後，諸侯國君管理好自己的地盤就好。

但諸侯國得服從周天子的命令，

聽周天子調遣，給周天子納貢。

從此——

大周百姓都過上了幸福的生活。

但是

理想很豐滿，現實很骨感。

到了西周末年，

周朝出了兩個奇葩天子——

▼

一個是**周厲王**。

他暴虐成性不說，還不准百姓議論他的過失，

搞得老百姓**只能透過眼神來交流。**

註：腦包，網路用語，常用於因為失誤或犯下低級錯誤而為大家帶來快樂的那類人。

016

另一個是 **周幽王**。

為了博寵妃褒姒一笑,

他竟然點燃烽火,謊報犬戎入侵的軍情,

把率兵前來勤王[註]的諸侯當「豬」、「猴」來耍！日後犬戎大軍真的殺過來了，**周幽王**又點燃烽火，諸侯卻再也不信。

於是，犬戎攻破西周都城，殺死了**周幽王**。在敗家子的不斷找死中，**周王室的威信一天不如一天。**
周幽王死後，他兒子**周平王**繼位。
舊都鎬京已經變成廢墟，**周平王**只能把王城遷到東邊的洛邑，也就是現在的洛陽。

註：「勤王」的意思是君主制國家中，君王有難，臣下起兵救援君王。

洛陽在東邊,所以叫**東周**。

東周又分為兩段,前半段就叫**春秋**。

進入春秋時代後,

諸侯國君再也不把周天子爸爸看在眼裡,

把周公當年精心設計的制度踢到一邊,

正式開啟了**諸侯爭爸**(大誤)**霸賽**。

一共有五位選手從這場比賽中勝出,

成為諸侯們都拜服的「爸爸」,史稱**「春秋五霸」**。

朕說歷史・春秋篇 — 春秋歷史脈絡

第一位霸主是<u>**齊桓公**</u>，

他任用管仲進行**改革**，讓齊國強大起來。

其霸主地位得到了周天子的認可。

不過好景不長，齊桓公生病了。

他的兒子們忙著打架、爭位，

齊桓公**被活活渴死、餓死**，

屍體擺在那裡六十七天都沒人收拾，

屍蛆都可以在上面跳舞了。

註：《史記》的春秋五霸：齊桓公、晉文公、秦穆公、楚莊王、宋襄公
　　《荀子》的春秋五霸：齊桓公、晉文公、楚莊王、吳王闔閭、越王句踐

趁著齊國內亂，第二位霸主**晉文公**趁機上位。

他和**齊桓公**一樣，繼位之前，在國外**流亡**了**十多年**，
回國奪得國君之位時，都已經**六十多歲**了。
雖然半截身子都入了黃土，但在晉文公的帶領下，
晉國迅速強大起來，百年霸業就此**奠定基礎**。
只不過，晉國霸業面臨一個強大敵國的挑戰，
那就是**楚國**。

在**楚莊王**時期，楚國一度打敗晉國，
讓中原一大堆給晉國當乖兒子的小國，
紛紛跪下來叫楚國爸爸，

楚莊王就成了<u>第三位霸主</u>。
晉國當然不服氣，為了爭奪霸主之位，多次跟楚國 battle，
互有勝負，很長時間內**輪流坐莊**。

朕說歷史・春秋篇 ── 春秋歷史脈絡

為了打敗楚國，晉國默默在周天子管區內扶持了一個幫手，

——**吳國**。

終於有一天，吳國大軍在伍子胥的帶領下攻入楚國王城，

在背後捅了楚國一刀。

<mark>吳王闔閭</mark>，也就順理成章成了<u>第四位霸主</u>。

楚國也沒閒著，為了對付吳國，

也默默扶持了同樣在周天子管區的**越國**。

就在吳國暗算楚國時，越國隨後暗算了吳國。

靠著這一波很神奇的操作，

越王句踐成為了春秋最後一位霸主。

只不過——句踐和其他霸主不一樣,直接把吳國**徹底搞死了**。

以前的霸主稱霸,好歹還講點道義,

齊桓公還揮著「尊王」的大旗裝樣子。

除了那種一碰就死的小諸侯國外,

大家一般都不隨便搞死一個大國,

攻占了這些國家後,還是會允許這些國家系統重啟,再復國。

但到了越王句踐這裡……

這其實預示著,爭霸戰馬上就要轉變為淘汰賽,

更慘烈的戰國時代就要到來了。

這部分內容,我們在《戰國篇》裡再細說。

第二章 奔跑吧，公子！

——齊桓公即位爭霸

春秋時代有**五位**風騷一時的霸主，
其中霸主的初代目[註]就是——**齊桓公**。
雖然他的名字叫**小白**，萌萌噠，一點都不霸氣。

齊國的來歷也不簡單，
第一代國君，就是**《封神榜》**裡的**姜子牙**。
在輔佐**周武王**打下江山後，他被分封到了東邊的**齊**。

姜子牙賢明有德，可惜**不肖子孫太多**。

註：初代目，日文中的第一代元老的意思。

027

朕說歷史・春秋篇 ── 齊桓公即位爭霸

例如，第十四代國君**齊襄公**，

在位期間非常荒淫無恥，

和同父異母的妹妹**文姜**，玩起了羞羞臉的**德國骨科**[註]，

不僅給妹夫**魯桓公**戴**綠帽子**，最後還乾脆下黑手，把人給殺了。

還好齊襄公還有兩個有出息的兄弟──

公子小白和**公子糾**。

眼見齊國局勢亂成**一鍋粥**，他們就分別在各自的師傅──

鮑叔牙和**管仲**的保護下**出逃他國**。

公子小白逃到了**莒國**，公子糾逃到了**魯國**。

註：骨科，此處為網路用語，形容兄妹戀。

028

果不其然，齊國隨後大亂，

齊襄公被殺，齊國處在**混亂無主**的狀態。

於是——公子小白和公子糾，玩起了爭奪王位的遊戲：

誰先回到齊國，
誰就能成為齊國之主。

> 這是春秋時代最紅的一檔綜藝節目《奔跑吧，公子！》。

公子糾的師傅**管仲**，暗地裡玩起了**陰招**，

埋伏在小白回國的路邊，**射了他一箭**，

可惜只射中了**衣帶鉤**。

機智的小白**乾脆裝死**，不僅躲過一劫，

還成功**鬆懈**了公子糾，自己趁機加大油門**趕回齊國**，

坐上國君寶座，成為齊桓公。

公子糾只好再跑回魯國。

029

朕說歷史・春秋篇 ｜ 齊桓公即位爭霸

齊桓公剛即位，第一件事就是**報仇**，
派大軍把支持過公子糾的魯國打得跪地求饒。

但齊桓公不想親手殺死兄弟，
以免背上**「心腸太黑」**的惡名，於是就逼魯國動手，
幹掉公子糾，交出管仲。
管仲在好友**鮑叔牙的幫助下**，
不僅沒死，反而**得到了齊桓公的重用**。

在齊桓公和管仲的**共同經營**下，
齊國的實力慢慢地往上漲，
逐漸成了列國共同的**喬事老大哥**。

北方的**燕國**很命苦，被遊牧部落**山戎**打得差點亡國。
可惜名義上的家長**周天子**，現在成了自身難保的**孬種**，
只能**找齊國求救**。
齊桓公二話不說，就派兵把山戎**打得滿地找牙**。

燕國國君很感動，親自送齊桓公回國，
一個不小心，**送過了兩國邊界。**

按照當時的禮法，**送人送出國界，只能是送天子的禮儀**。

齊桓公又不是天子，這種搞法豈不是**很無禮**？

但齊桓公也有解決辦法——

齊桓公這位喬事大佬，**既幫小弟打架，還能送小弟土地**。

別的國家紛紛豎大拇指按讚：齊國太仁義了！佩服佩服！

齊桓公乾脆打出了「**尊王攘夷**」的大旗，上面護著周王，下面罩著一群小弟，還在**葵丘**這個地方，召集列國搞了個大型 party，連周天子都派人來參加。

齊桓公的霸主地位得到了官方認證。

齊桓公不僅在國家大事上很**講究禮法**，
對待**家庭成員**也絕對不含糊。

他的妹妹**哀姜**嫁給了魯莊公，卻和**小叔子**搞在一起，
兩人串謀，連殺**兩位**魯國君主，最後**還想自己上位**。
哀姜如此淫蕩放肆，讓齊桓公覺得**很沒面子**，
為了**維護自己的形象世間正義**，
齊桓公直接把哀姜召回齊國，**殺了**。

朕說歷史・春秋篇 ── 齊桓公即位爭霸

雖然齊桓公對霸業這麼上心，但到了**晚年**，

開始寵幸**三個**大奸臣：**豎刁、易牙、開方**。

這三大奸臣為了討好齊桓公，都**各有一手**。

豎刁為了方便進出後宮，有更多時間和齊桓公膩在一起，

竟然**揮刀自宮，**

當了宦官。

034

易牙廚藝天賦點滿[註]，
為了讓嚐遍世間美味的齊桓公吃點別樣的食材，
竟然把自己**三歲的兒子殺了，煮人肉給齊桓公吃。**

還有一位奸臣**開方**，本來是**衛國國君的公子**，
為了討好齊桓公，竟然甘願**放棄尊貴的身分**，
聲稱願意給齊桓公當**馬伕**，連親爹死了都不回去。

註：「天賦滿點」源於遊戲，天賦滿點後，人物可以放大招。

剛好一代賢相管仲**得了重病**，眼看就要玩完，
齊桓公想把**宰相的位置**，傳給三大奸臣中的一個。
然而，管仲看出了破綻——
超乎人之常情的愛，背後肯定別有目的。

> 對自己都能下狠手的人，千萬不能相信啊！

> 至理名言！

可惜齊桓公不聽。
管仲**病逝**以後，他**依然重用**這三位奸臣，
再加上他**五個兒子也都是大混帳**，
於是，齊桓公重病期間，**五個兔崽子勾結三大奸臣，**
上演了齊國的老戲碼——**寶座爭奪大作戰！**
齊國又亂成一團……

他們封閉宮門，不准任何人出入。
最終，一代霸主小白同學，被活活餓死在病床上。

屍體擺了**六十七天**，**蛆**都爬出窗外了，也沒人去給他**收屍**，
簡直**慘絕人寰**！

> 死後才明白，管仲才是我的真愛！
> 怨念～怨念～
> 齊桓公

齊桓公一死，因為**不肖子孫**實在太多，

齊國國勢日益衰落，齊國大權也旁落到了**田氏**手裡。

最終田氏**篡奪了齊國**，姜姓齊國徹底完蛋，

劃上了一個**恥辱的句號**。

（田氏齊國還有戲喔！）

> 等一下……我的戲分是不是太少了一點？
> 管仲
> 別著急啊，下一期的故事，你就是主角！
> 完結

第三章 霸道總裁背後的男人

——管仲輔助齊國強大

前面我們說到了**「春秋五霸」**之一的**齊桓公**小白同學，

不過霸道總裁小白的成功，離不開一位能人的輔佐，

他就是──

> 終於輪到我當主角了！
>
> 管仲
> 閃耀
> 咔嚓~ 咔嚓~

雖說**管仲**是**周穆王的後裔**，祖上好歹也闊過，

但到他這一代，家裡**窮得叮噹響**，還得贍養老母，

經濟壓力可不是一般大。

他只好和好朋友鮑牙叔（大誤）**鮑叔牙**，一起合夥做生意。

> 我先訂個小目標，
> 一定要成為一個了
> 不起的人！

039

朕說歷史・春秋篇 ― 管仲輔助齊國強大

做生意嘛，管仲又**沒多少本錢**，大錢當然是鮑叔牙出的。

不過賺到的錢，管仲卻讓**自己分了大部分。**

難得的是，管仲吃相這麼難看，**鮑叔牙卻一點也不生氣。**

> 管仲可不是貪婪之人喔，他是家裡窮，這些錢都是我自願讓給他的啦！
> ——鮑叔牙

鮑叔牙託管仲辦事，結果管仲出了**餿主意**，

把事情越搞越砸，但鮑叔牙還是**一點也不生氣。**

> 管仲可不是愚蠢之人喔，只不過時機不對而已啦！

管仲幾次當官**被解雇**，看熱鬧群眾都覺得管仲肯定是個**庸才**。

但鮑叔牙卻說——

040

> 管仲可不是庸碌之才喔，他只是運氣不好呀！

管仲打仗上戰場，
三次見苗頭不對，馬上拔腿就從戰場上逃跑，**當了逃兵**。
別人都譏笑管仲**怕死、太孬**，
還是鮑叔牙站出來**為他說話**——

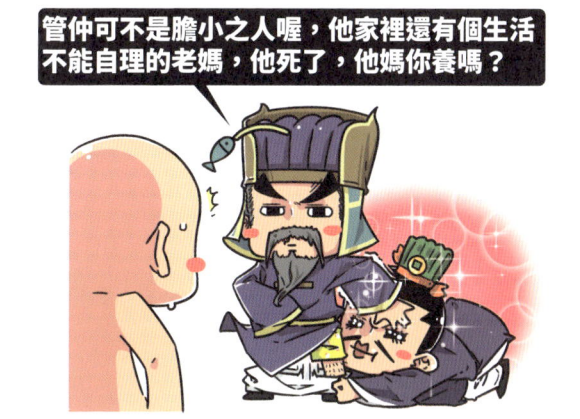

> 管仲可不是膽小之人喔，他家裡還有個生活不能自理的老媽，他死了，他媽你養嗎？

啥叫真心朋友？啥叫交心的知己？
管仲和鮑叔牙這一對 cp 就是天底下難得的——

真・一輩子好朋友。

後來的劇情，上回講**齊桓公的故事**時已經說過了，

管仲和鮑叔牙，**分別輔佐公子糾**和**公子小白**，

玩起了**齊國寶座搶奪大作戰**，勝利者是**小白同學**。

小白要讓功臣排排坐分糖果，**首功**當然是鮑叔牙。

鮑叔牙卻建議小白**重用管仲**。

當時落敗的管仲流亡在**魯國**。

齊桓公向魯國方面下達最後通牒：

必須交出管仲！

魯國也 get 到管仲是個人才，並不想放管仲走，

甚至準備**幹掉管仲**，

讓齊國只得到一具沒用的死屍。

> 夠狠，夠毒！

好在鮑叔牙預料到了這種情況，要齊國使臣告訴魯國：

管仲罪大惡極，必須活捉回齊國，

由國君親手手撕（大誤）**處死！**

真等管仲一回齊國，小白立馬就重用他。

齊國開啟了轟轟烈烈的——**霸業時代**。

> 那麼問題來了，管仲究竟做了哪些事，讓齊國強大起來的呢？

> 朕說歷史・春秋篇 ── 管仲輔助齊國強大

1

首先管仲開始**加強中央集權**，整頓行政管理系統。

最關鍵的是，

他還搞出一套**針對官員的 KPI 考核機制**──

▼

根據**政績**決定官員的**升遷任免**，

讓更多有才幹的人，能夠有**出頭**的機會。

沒本事的人，**就哪邊涼快哪邊待著去**。

馬上給我收拾包袱滾蛋！

2

在軍事方面，管仲提出要**「強軍」**，

提高齊國民兵的動員力。

044

他將軍隊擴大為「三軍」，一共有**三萬人**。
這支在春秋時代規模龐大的軍隊，讓齊國霸氣側漏，
「尊王攘夷」的口號才能**變為現實**。
畢竟**山戎人**之類的「蠻夷」，
不是你想「攘」就能「攘」的，
得有**軍事實力作保證**才行。

> 顏值不能震攝壞人，只有武力能！

當然，最重要的是**經濟方面的改革**。
管仲說過一句很有名的話：
倉廩實而知禮節，衣食足而知榮辱。
想讓老百姓**守禮節、知榮辱，不做為非作歹的事**，
只用刑罰威懾是不行的，還得把經濟提升上去，
人人都有飯吃、有衣穿。
所以他提出：**要讓老百姓的錢包都鼓起來。**
凡治國之道，必先富民。民富則易治也，民貧則難治也。

管仲獎勵**農商、發展生產**，
根據土地好壞，向農民徵收**稅賦**，
讓農民種地的積極性飆升不少。

齊國靠近大海，**漁業、鹽業**資源豐富。
管仲利用這一點乾脆**免除漁鹽關稅**，
讓齊國的魚和鹽**自由出口到其他諸侯國**。
貿易發展起來，財富也滾滾而來。

> 我的祕訣只有四個字：富國強兵！

管仲最風騷的操作，是設立了國營大休閒場所——
女閭。
女閭**緊鄰**齊桓公的後宮，有性工作者**七百人**，
可以說規模非常宏大。

女閭的設立,

不僅讓找不到對象的齊國**魯蛇青年**有了宣洩的地方,

還增加了國家收入。

最讓人意想不到的是,

此舉也吸引了大量其他諸侯國的**商人**來齊國做生意,

很多諸侯國的人才也紛紛趕赴齊國來發展,

簡直「一舉 N 得」。

⑤

管仲不僅內政能力天分滿點，**對外的經濟戰**玩起來也得心應手。
為了削弱南方強國**楚國**，
他請**齊桓公**出高價收購楚國的特產——**鹿**。
這玩意兒在楚國漫山遍野都是，**壓根不值錢**。

> 齊國人傻，錢多，速來！

楚王

氣勢洶洶～

楚國老百姓一看，賺錢這麼容易，**那還做什麼農活啊？**
無論男女老幼，都很 happy 地**上山捉鹿**。
另一方面，管仲又派人到齊國和楚國民間**大量收購糧食**。
等到楚國**靠賣鹿**賺夠了大量的錢幣，齊國立刻**封鎖邊界**，
並且阻撓楚國到其他諸侯國**採購糧食**，楚國瞬間糧價瘋漲。

朕說歷史・春秋篇 ── 管仲輔助齊國強大

> 國內糧價瘋漲,百姓已經沒有糧食吃了⋯⋯

> 原來犯傻的不是齊國人,是我們楚國人啊!

據說這一回,大量楚國**難民**逃亡,

逃往齊國的人口,就占總人口的**十分之四**,

楚國**元氣大傷**。

不僅如此,管仲還用類似的經濟戰手段,

對付過**魯國、代國**等一大堆諸侯國,每一次都**大獲成功**。

買鹿制楚
買狐降代
服帛降魯梁

這就是管仲的經濟戰法。

讓**齊國富強**起來,再讓齊國的**敵國**被削弱。

下一步,**霸業唾手可得**。

於是在管仲的建議下,齊國打出「尊王攘夷」的大旗,

把吉祥物**周天子**重新尊崇起來。

然後,**山戎打燕國,我去救;北狄打邢國,我還去救**。

⋯⋯⋯⋯⋯⋯

朕說歷史・春秋篇 ── 管仲輔助齊國強大

想像一下，要是沒有管仲的話，中原各國**不能團結**，說不定**山戎人早就把華夏列國滅掉了。**

連孔子都說：

微管仲，吾其被髮左衽矣。

意思是說：

沒有管仲，我們恐怕就得像野蠻人那樣，披著頭髮，穿衣襟向左掩的衣服了。

管仲也是華夏文明的保護人啊。

可以說，沒有管仲，或許就沒有**強大**的齊國，

也就沒有齊桓公的**霸業**，

怪不得連**三國時期**的**諸葛亮**都把管仲當成**偶像**。

然鵝

只不過——就像大部分歷史一樣，

登場是喜劇，發展是正劇，收場卻是大大的悲劇。

管仲的故事也不例外。

齊桓公晚年，開始寵倖**易牙**、**豎刁**、**開方**三大奸人。

管仲病重之時，還勸過齊桓公：

超乎人之常情的愛，背後肯定別有目的。

可惜齊桓公**並沒有聽從**。

管仲一死，齊國局勢向著**不可控**的局面發展，

最終一場大亂爆發，**齊國的霸業就此完蛋**。

> 恭喜你呀，管仲君，這輩子終於成為一個了不起的人了！

> 唉！苦心經營的霸業，還不是說沒就沒了。

第四章

打不贏？我有無敵嘴炮！

——晏嬰苦撐，齊國迴光返照

齊桓公一死，齊國霸業 game over，
但是離姜姓齊國徹底滅亡，還有二百六十多年。
在這漫長的時間裡，齊國也有**迴光返照**的時候，
這要歸功於一個強者——**晏嬰！**

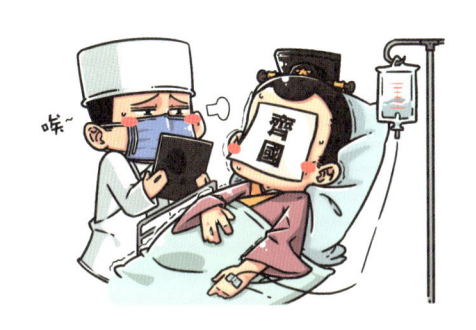

我覺得還可以再搶救一下！

強者晏嬰呢，是個低級趣味絕緣體。
雖然在齊國當大官，
但穿的是**粗布衣服**，妻妾也都不穿絲綢；
吃的都是**粗茶淡飯**，基本上不吃大肉；
住的也是鬧市中的**一處陋室**，可以說**非常節儉**。
不過他也有一個煩人的缺點——**個子太矮**。

朕說歷史·春秋篇

晏嬰苦撐，齊國迴光返照

> 天塌下來，高個子最先被砸死。
> 這麼看來，個子高才是缺點嘛。

給晏嬰駕車的**專車司機**卻長得非常帥，坐在前排愛擺各種酷酷的 pose，顯得**趾高氣昂**。有一回老司機開著車路過家門口，被他老婆看見了，下班回家以後，老婆就**鬧著要和他離婚**。

> 你看人家晏相國，多麼謙遜低調；你呢，就是個小小車伕，在前面神氣什麼啊？

老婆　車伕

> 老婆，我再也不敢了！

生氣生氣~　瑟瑟發抖~　榴槤

後來晏嬰發現他家的老司機收斂不少，
得知是司機老婆教導有方，司機也算**知錯能改**，
非常欣賞，乾脆**提拔他當了官**。

> 我就知道，又帥又低調的人，最容易升官發財。

晏嬰這一輩子，經歷了**齊靈公、齊莊公、齊景公**三朝，
哪怕齊國局勢再混亂，他都能屹立不倒，
還硬生生地把一個要死不活的齊國，搞得迴光返照了一把。
這除了需要無懈可擊的**道德水準**外，
還需要一項逆天的才能——~~睡~~（劃掉）說服術！
簡稱：有智慧屬性的**嘴炮攻擊魔法**。

> 睡服術：需要顏值
>
> 說服術：需要頭腦和口才

▼

不過，這三位國君也都不是讓人放心的主子。

055

> 朕說歷史・春秋篇 ── 晏嬰苦撐，齊國迴光返照

第一位**齊靈公**，

有一種十分高（bian）雅（tai）的**癖好**：

最愛看妹子**女扮男裝**。

於是宮裡的妹子全都穿男裝。

沒想到風氣傳到宮外，

全國的妹子都 get 到這種時尚趨勢，紛紛穿著男裝上街。

這時候齊靈公反倒怕了，覺得風氣蔓延全國不是好事，

便下令禁止女人穿男裝上街。

齊靈公：女人膽敢穿男裝上街的，抓住了就撕破她的衣服！

一群大臣：派我去執行這條禁令吧！

可是哪怕冒著被撕破衣服的風險，
齊國的妹子們還是把男裝照穿不誤。
齊靈公就很**費解**了，去請教晏嬰。
晏嬰一下子就指出了問題所在：
允許宮裡的女人扮男裝，卻不允許宮外的妹子仿傚，
這就相當於**在宮門外掛牛頭，但在宮裡賣馬肉啊！**

太荒謬了！

> 成語「掛羊頭賣狗肉」，就出自這個故事裡的「掛羊頭賣馬肉」。

聽晏嬰這麼一比喻，齊靈公瞬間領悟，
趕緊下令，宮裡也一併禁止女扮男裝，
果然這種風氣就**徹底消失**了。

雖然有時也聽晏嬰的話，
但齊靈公總體上是個**昏庸無能**的君主。
當時晉國稱霸中原，
齊靈公不清楚自己幾斤幾兩，反倒**想挑戰晉國的霸業，**
結果被晉國率領一幫小弟，打得連親媽都不認識。
齊靈公嚇得躲到首都**臨淄，不敢出城迎敵。**

> 惹禍的時候膽子大，禍事來了又孬了。

> 下次再也不敢招惹晉國爸爸了！

第二位**齊莊公**，

更不是省油的燈，居然和大臣崔杼的老婆**私通**。

結果崔杼不喜歡頭頂一片大草原的感覺，

一怒之下**幹掉了**齊莊公。

手下人還勸崔杼：一不做、二不休！手黑點把晏嬰**也一起幹掉吧**！

崔杼早就看晏嬰不爽，也很想弄死他。

然鵝

他想了想還是算了，畢竟晏嬰**很受百姓愛戴**，

萬一弄死了晏嬰，**失去民心**，老百姓起來造反，

搞不好要他去給晏嬰陪葬。

一群老百姓

啪！

崔杼

第三位**齊景公**，

比起前面兩位國君，要**賢明那麼一滴滴**。

在齊景公這裡，晏嬰的說服效果至少＋100%。

這讓齊國內政不至於像之前那樣，太過烏煙瘴氣。

有一回，唉呀媽呀，齊景公的**愛馬死了**。

他被氣得小宇宙爆發，下令要把養馬人**肢解處死**。

晏嬰趕緊制止，問齊景公——

> 肢解也要按照流程標準來呀！
> 堯舜肢解人的的時候，是從哪裡開始肢解的呢？

齊景公

堯舜好像……從不肢解人……

齊景公說：那算了吧，就不肢解他了，**直接把他拖出去處死好了。**

晏嬰說：這個人罪大惡極、死有餘辜，但是在他死之前，能不能讓我說說他**到底犯了什麼罪**，好讓他做個明白鬼。

於是晏嬰開始一條一條地列出養馬人的罪狀——

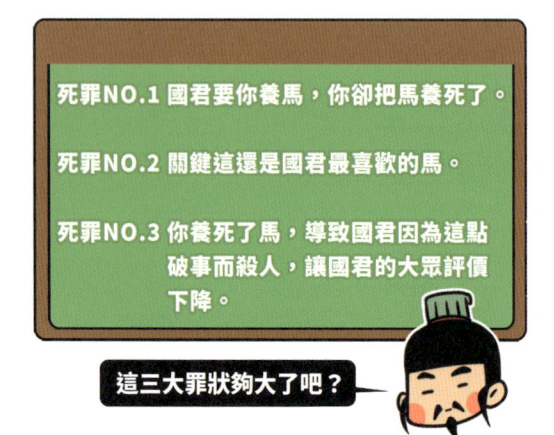

死罪NO.1 國君要你養馬，你卻把馬養死了。

死罪NO.2 關鍵這還是國君最喜歡的馬。

死罪NO.3 你養死了馬，導致國君因為這點破事而殺人，讓國君的大眾評價下降。

這三大罪狀夠大了吧？

齊景公聽得冷汗爆出，只好饒養馬人一命。

多虧晏嬰的花式嘴炮勸諫拉住了齊景公，

沒讓他在國政上瞎搞一通，齊國好歹恢復了一些元氣。

蛋　　是

晏嬰的嘴炮才能，不僅能用在**內政**上，

在**外交**上也用得 666，可以輕鬆化解別國的刁難。

晏嬰出使楚國，楚王知道晏嬰五短身材，

故意在大門旁開了個小洞，想讓晏嬰從小洞鑽進去。

但晏嬰**嚴詞拒絕**──

> 聽說出使狗國才走狗門，
> 我出史楚國，可不該走狗門。

楚國大臣：這真是自取其辱啊……

061

沒辦法，楚國人只好讓晏嬰走正門。

等晏嬰見了楚王，楚王是個丁丁，又開始刁難晏嬰，問他：

齊國難道沒有人了嗎？為啥派你來出使楚國？

機智 boy 晏嬰隨口開始**嘴炮反擊**：啊！我們齊國有個規矩，

派**精明能幹**的人，出使**道德最好**的國家；

派**愚蠢無能**的人，出使**最差勁**的國家。

而剛剛好，我晏嬰就是——齊國最愚蠢無能的人！

> 我也想要這樣一個愚蠢無能的臣子。

楚王再次慘遭無情羞辱。

但他還是不甘心，趁著請晏嬰喝酒的空檔，

讓公差綁了一個**罪犯**從楚王面前走過。

楚王明知故問：這人是哪國人啊？犯了什麼罪啊？

公差回答說：這人是**齊國**人，犯了偷竊罪。

楚王轉過頭問晏嬰：

看來齊國人很擅長偷東西啊？

晏嬰心裡想罵人，但嘴上還是笑嘻嘻，

立馬展開嘴炮反擊：

橘生淮南則為橘，生於淮北則為枳。

意思是說：

這個人在齊國能安分守己，跑到楚國來就偷雞摸狗，

看來你們**楚國水土不行**啊，會讓人變得善於偷盜啊！

一番嘴炮下來，讓楚國君臣只能**尷尬又不失禮貌**地微笑。

不過千萬不要誤會，晏嬰可不僅僅嘴炮天分 MAX，

殺人心計也是歷史上超一流水準。

齊景公帳下有三員猛將：**公孫接、田開疆、古冶子**，

三個人仗著功勳卓著，非常驕傲跋扈。

晏嬰覺得三人是**大禍害**，

於是讓齊景公祭出了春秋時代的七大武器之首，

——兩顆桃子。

063

朕說歷史・春秋篇 ― 晏嬰苦撐，齊國迴光返照

> 比我手上的寶刀還厲害嗎？

兩顆桃子要分給三個人，這沒法分啊！

於是晏嬰提出：**誰的功勞大，就先分給誰囉。**

三位將軍開啟了**饒舌 battle 模式**，各自闡述自己的功績，

再然後，三位肌肉猛男都覺得好羞恥的說，

相繼拔劍自刎！

（不要問朕為什麼，朕也沒搞懂這是什麼神操作。

總之你只需知道，**「二桃殺三士」**的計策成功了就對了）

晏嬰為了齊國，可以說**操碎了心**，想盡辦法除掉未來可能出現的禍害。但他心裡明白，齊國國勢目前只是**迴光返照**，姜姓齊國一定不能長久。有一回，晏嬰出使晉國，他甚至對晉國大臣叔向說——

> 齊國的江山，終究會落在田氏手裡。

> 來人啊！這裡發現一個非法穿越者！

為什麼這麼說？因為晏嬰看得很清楚，田氏有恩惠於老百姓，**很得老百姓擁護**啊！

歷史的發展，也完全像晏嬰預料的那樣，姜姓齊國的 winter is coming [註]，田氏終將代齊！

> 歷史有時候就是這麼殘酷！

註：「winter is coming」出自美劇《權力的遊戲》翻譯成中文是《凜冬將至》，預示著危機將來臨。

第五章 身有畸形，流浪十九年後成功上位！

——晉文公接手春秋霸業

齊 晉 楚 吳 越 宋 鄭 魯 秦

春秋時代的第一位霸主，是**齊桓公**小白同學，
可惜在他嗝屁之後，齊國發生內亂，霸業也立刻下了線。
下一個接手春秋霸業的，就輪到晉國一位**身有畸形**的大佬，
他就是──
晉文公。

> 有多畸形呢？長著三頭六臂？

> 哪有那麼誇張……

晉文公名叫**重耳**，不過他倒沒有人如其名，
真長出四個耳朵，反而是**眼睛和肋骨有點畸形**。
史書記載，他有**重瞳**和**駢脅**。

所謂**「重瞳」**,就是一個眼睛裡有兩個瞳孔。

晉文公 重瞳
根據現代醫學,這屬於瞳孔黏變畸形

所謂**「駢脅」**呢,就是肋骨緊密地連成一片,要是刀往他胸口上刺,**永遠只能刺在肋骨上。**

這難道就是傳說中的金鐘罩鐵布衫?

按照古人迷信的說法,這都屬於**身體有異相,**表示這個人**註定會做出一番不凡的事業。**

不過根據現代醫學嘛,這就是明明白白的生理畸形!

朕說歷史・春秋篇 ── 晉文公接手春秋霸業

068

然鵝

晉文公成就霸業的**難度係數，絕對輾壓齊桓公。**
他在坐上國君寶座之前，曾經被迫在**國外流亡十九年**，
好不容易回國當上晉國大 boss，卻已經**六十多歲**了，
差不多到了該退休的年紀。

朕說歷史・春秋篇

晉文公接手春秋霸業

要說晉國這個國家，非常不簡單。

晉國的初代目君主**唐叔虞**，

他老爹是**周武王**，老媽是**姜太公的女兒**，

所以晉國國君在血統上，**高貴得頂呱呱**。

> 春秋歷史，總結起來就是一大幫遠方親戚，在爭當所有人的爸爸。

雖然晉國血統高貴，但在春秋前期的歷史中，

沒啥存在感，活成了春秋列國心中的小透明。

直到晉文公的老爹**晉獻公**即位，

吞併了周邊不少**戎狄國家**，晉國國勢才開始強大起來。

蛋　　是

070

晉國隨後發生一場**大動亂**，

逼得當時還是公子的晉文公流亡國外，

這一切，就因為晉獻公去攻打了一個叫**驪戎**的部落，

得到了一個叫**驪姬**的絕世大美女。

> 這次出征最大的收貨，就是得到了驪姬！

驪姬給晉獻公生下一個孩子，她還想讓自己的孩子**成為國君**。

不過晉獻公還有三個孩子，擋在她孩子的前面，分別是——

臨時演員的太子，**申生**；

本期主角晉文公，**重耳**；

以及本期另一個重要反派，**夷吾**。

> 朕說歷史・春秋篇 ── 晉文公接手春秋霸業

> 「只要幹掉你們……我的孩子，就會成為國君。」

> 申生　重耳　夷吾

驪姬獲得了晉獻公**三百六十度無死角的寵溺**，

所以發揮美女專屬技能：**吹枕邊風**，

全方位挑撥晉獻公和他三個兒子的關係。

最後太子申生被迫自殺，重耳和夷吾流亡國外，

驪姬的孩子成功上位。

> 是不是在美女面前，男人的智商都會降低？
>
> 憨笑~ 憨笑~
>
> 很遺憾，這個問題你沒法親身驗證了……

重耳流亡國外，也不是孤家寡人一個。

他憑藉自己滿格的人格魅力，

吸引了一大批能人賢士追隨他。

其中包括重耳的親舅舅**狐偃**，

名字聽起來很衰的**趙衰**，

以及後面還有很多戲分的**介子推**。

> 朕人格魅力滿格，身邊也有一大堆能人賢士追隨。

晉獻公一死，驪姬的兒子登上國君之位。

不過寶座還沒坐暖，國內**貴族叛亂**，幹掉了驪姬母子，

還連續幹掉兩位國君。接著他們去請重耳回國即位。

但──

重耳很機智地拒絕了。

> 我還不想成為第三位被幹掉的國君。

拒絕！
拒絕！

另一位流亡在外的公子**夷吾，在秦國的強力扶持**之下，

返回晉國即位，成為了新國君<mark>晉惠公</mark>。

此時對他來說，流亡在外的重耳已成**眼中釘**。

於是他派出殺手，想要對重耳進行**肉體滅絕**。

ZSTV①
異國的深夜為何傳來可怕的尖叫聲？
流亡的貴公子為何身體重度畸形？
刺客的絕世名劍和天生自帶的金鐘罩，
到底哪個更勝一籌？

朕說

流金歲月　歡迎收看《霸霸祕～密～檔案》

重耳並沒有給刺客機會，

試驗一下刀劍到底能不能刺穿他的肋骨，

反倒是嚇得**趕緊開溜，拋下妻子**，

離開了他生活多年的**翟國**，繼續開啟**流亡模式**，

來到了下一站——**衛國**。

然鵝

衛國國君總覺得重耳這幫人**沒啥大前途**，

也就沒好好招待他們，氣得重耳只能離開衛國。

倒楣的是，路上糧食還被人**偷光**了，

餓得重耳只能向農民伯伯乞討。農民伯伯卻說——

一行人到處都弄不到糧食，重耳餓得血糖快降為 0 了。

後來重耳具體是怎樣回血的呢，正史沒有記載，

不過，在其他版本的傳說中有這樣一段故事：

重耳的忠臣介子推看到他快不行的時候，把心一橫，

從自己大腿上割下一塊肉來，做成肉湯給重耳吃，

重耳才回過血來。

擺脫了差點餓死的困境，

重耳繼續開拍《**三毛重耳流浪記**》。

下一站，他來到了**齊國**。

朕說歷史・春秋篇 ── 晉文公接手春秋霸業

當時齊國的 boss 還是**齊桓公**。

齊桓公身為春秋霸主，還算是個厚道人，

不僅好吃好喝招待著，送了重耳二十輛**豪華馬車**，

還把家族內一名少女**齊姜**，嫁給重耳當老婆。

> 齊國爸爸對我真好！
> 感動！感動！
> （齊桓公）

但沒過幾年，厚道人齊桓公**掛了**。齊國亂成一鍋粥，

指望齊國幫助重耳復國基本上是**不可能的**了。

更糟糕的是，重耳在齊國生活得**太滋潤**，

已經把雄心大志都丟在一邊了，

根本不想再離開齊國。

> 總有人要當廢物，那為什麼不能是我呢？

重耳曰：「人生安樂，孰知其他！必死於此，不能去。」

──《史記・晉世家》

好在他老婆齊姜和手下狐偃、趙衰合謀，
把重耳**灌醉成死豬**，然後抬上車，直接把他拉出齊國。
等重耳酒醒後，才發現已經離齊國很遠了，氣得暴跳如雷。

> 要是老子復國不能成功，我就要吃掉你的肉！
>
> 我的肉很腥羶，哪怕加孜然燒烤也不會好吃的。
>
> 主公這是吃人肉吃上癮了？

重耳曰：「事不成，我食舅氏之肉。」
咎犯曰：「事不成，犯肉腥臊，何足食！」
——《史記・晉世家》

離開了齊國這個安樂窩，下一站，他們到了**曹國**。
曹國國君**曹共公**，是個**好奇心爆棚**的好奇寶寶，
聽說重耳的肋骨連成一片，想看看**稀奇**。

身為一國國君，他竟然趁著天黑，
跑去偷看重耳洗澡！
偷看洗澡！！！！
（是的，你沒有眼花）

077

朕說歷史・春秋篇 ── 晉文公接手春秋霸業

> 還以為曹共公癖好特殊，喜歡男色呢……

重耳和他忠心的跟班們只好離開曹國，接著又去了──

但都因為這樣或那樣的原因，並**沒有長待**下去。

再下一站，重耳來到了**楚國**。

當時楚國 boss **楚成王**，也是一代雄主，

同樣也好吃好喝招待了重耳。

不過和齊桓公不一樣，人家楚成王做人要**現實得多**，

他做了事，**希望有回報**。

078

重耳告訴楚王：

如果將來晉國和楚國逼不得已要兵戎相見的話，

我們晉國軍隊會主動向後退讓三舍。

（註：三舍等於九十里）

重耳的下一站，**幸福**（哦，不）是秦國。

在秦國，boss **秦穆公**對重耳也好得不得了。因為——

秦國想扶持重耳回國即位！！

朕說歷史・春秋篇 ── 晉文公接手春秋霸業

雖說**晉惠公是被秦國扶持**的，但晉惠公即位後多次找死，
許諾要割給秦國的土地，**不給了。**
晉國鬧饑荒，秦國好心給糧食救濟；
秦國饑荒的時候，**晉國堅決不給糧食**
…………

秦國被惹毛好幾次，**早看晉惠公
不
爽
了
！**

如此背信棄義之人，該殺！

080

晉惠公嗝屁後，

他兒子**公子圉（晉懷公）**本來在秦國當人質，

居然招呼都不給秦國打一聲，**就偷偷溜回晉國即位，**

簡直把秦國**惹炸了**。

所以，在秦國的**三千兵馬的火力支援**下，

重耳殺回了他**十九年**流浪歷程的終點站──**晉國**。

重耳幹掉了晉懷公，**終於成功奪得了晉國的寶座！**

（流浪多年才得到王位，簡直比獅子王還要辛苦）

還是秦國給的幫助最實在！

那麼問題來了──

ZSTV①

成功奪取國君之位的重耳，
對於偷看他洗澡的死變態曹共公，
改怎麼懲罰呢？
割大腿肉給他吃但沒有放孜然燒烤
的介子推，該怎麼獎賞？
向楚國承諾了大軍相遇要退避三舍，
又該怎麼擊敗楚軍奪取天下霸權？

朕 說

流金歲月　歡迎收看《霸霸祕～密～檔案》

第六章 偶像養成大作戰

——晉楚爭霸

晉文公在真・晉國寶座守護人——**秦穆公**的幫助下，
終於結束了十九年的流亡生涯，登上了晉國國君的**寶座**。

> 那麼問題來了，當上 boss 以後，第一步該做什麼呢？
>
> 當然是給手下很多多多多多的封賞啊！

晉文公的雄心大志，

是讓所有人都心服口服地喊他**「霸霸」**。

要達成這個勝利條件，必須變身成——

擁有巨量粉絲的偶像。

所以，晉文公的**偶像養成大作戰的第一步**——

犒賞所有部下

對這麼多年來一直忠心跟隨的老部下，肯定要**好好封賞**。

不過他偏偏漏了一個人，那就是——**介子推**。

介子推**拒絕封賞**，帶著老媽雙雙躲進深山裡。

在這裡，還有一段野史，

說是晉文公不想欠下當年的肉錢，便派人尋找介子推。

可是山區太大，森林太茂密，晉文公的人根本**找不到**介子推。

這個時候，

不知道晉文公的哪個馬屁精給他出了個**餿主意**──

他們本來想透過放**火**，把藏在山裡的介子推逼出來，
結果大火在山中蔓延，**燒了三天三夜**，
介子推依然在烈火濃煙中**硬撐**。
最終母子兩人**雙雙被燒死在一棵柳樹下**。

> 忠臣的結局，都會是這麼慘嗎？

> 放心……朕又不喜歡吃柳樹枝烤串！

後世在清明節前一天有個**寒食節**，
節日這天**不開伙，只吃冷食**，
據說就是為了紀念慘死的介子推。

> 介子推這件事就這麼改編吧！不然我的手會不小心發抖喔（晉文公）

> 好……的，重……重耳君。（小編）

085

介子推這件事當然是個意外啦，不值一提。

總體來說，透過封賞功臣，晉文公的部下攻略度達成**百分之百**。

接下來，**偶像養成大作戰第二步**──

攻冬周王室

就在晉文公即位的第一年，周王室主動**賣屁股**上的破綻，

給了晉文公徹底攻略周王室的機會。

因為這一年周王室大亂，

周襄王的親弟弟**王子帶**，不僅給周襄王戴了一頂純綠的**綠帽**，

還給**戎狄軍隊**當帶路人，領著狄人去**攻打周王室**。

晉文公不能坐視不管,很快地,晉國出動大軍幹掉了——

周王綠帽的分發者 aka 偷竊嫂子者 aka 帶路人的先行者
王子帶閣下,

並護送周襄王返回周都**洛邑**,讓周襄王感動得熱淚盈眶。

這一手,為晉國撈取了足夠的政治資本。

> 我好怕怕～
> 傻瓜,有我在呢!
> 周襄王

恭喜!
周王室攻略度達成100%

在成功將周王室變成**鐵粉**後,接下來,

偶像養成大作戰第三步——

攻占其他中原小國

朕說歷史・春秋篇 ─ 晉楚爭霸

春秋時代，霸主們會堅持以**真理（？）**服人。

剛好在晉文公那時候，

天下**「真理」**最充沛的國度，是南方的楚國，

經常用**真理之拳**，把中原小國按在地上摩擦。

所以晉文公要 get 霸業，**和楚國必有一戰**。

> 那～你想怎麼樣？
> 楚成王
>
> 你知道嗎？你平時這樣子說話，真的很欠扁耶！

剛好**楚成王**出動大軍，去蹂躪曾對晉文公有恩的**宋國**。

所以──晉文公決定去打**衛國、曹國**。

這兩個國家是楚國的**好朋友**，

當年還對流亡中的晉文公友善度**負分**，

尤其是**曹共公**這個死變態，還曾**偷窺**晉文公的裸體。

屎可忍！

尿不可忍！

> 這可能是歷史上代價最慘重的一次偷窺！

晉文公一舉攻下衛、曹兩國，還擒獲了死變態曹共公。

本來晉國想透過這種方式，

引誘楚軍**放棄**圍攻宋國，轉而去營救衛、曹。

蛋　　是

楚軍**根本不上當**，繼續加把勁蹂躪宋國。

> 你打我的好朋友，我就打你的好朋友！
>
> 雅美蝶(註)！雅美蝶！

註：雅美蝶，由日本語發音轉譯過來的詞彙，意思是「不要這樣」！

楚國既然不動，晉國也不敢撲上去硬拚。

就在這僵持不下的時候，晉國名將**先軫**提出：

要不把衛國、曹國的土地，送給註定要丟土地的宋國？

這下楚國的兩個朋友要完蛋，宋國卻成了打不死的小強，

楚國**真・白忙一場**。

楚成王一看划不來，就決定撤兵不和晉國搞事了。

楚國大將**子玉**不服氣，想要給點 colour 給晉國 see see。

子玉派出使者去晉國談判：

如果晉國允許曹、衛復國，那麼楚國就從宋國撤軍。

結果老奸巨猾的晉文公，

不僅**扣留**了楚國使者，還暗中告訴曹、衛兩國：

只要你們和楚國**斷絕**關係，我就允許你們復國。

楚國這兩位好朋友想了一下，然後**毫不猶豫地背叛了楚國**。

子玉氣得暴跳如雷，率大軍去攻打晉軍。

然而晉國軍隊立即**後撤九十里**。

朕說歷史・春秋篇 —— 晉楚爭霸

子玉沒 get 到這是詭計，開足馬力前進，結果在**城濮**這個地方被晉軍名將先軫擊敗。子玉**羞憤自殺**。這就是歷史上著名的——

城濮之戰

經過這一戰，楚國的銳氣被挫傷，中原小國被晉文公無可比擬的「真理」，

徹！底！攻！略！

晉文公拿到了全天下最多的粉絲數，就此 get 到了**春秋霸權**。

> 拿到這個獎呢，我真的好開心，首先我要感謝在我肚子餓的時候給我下面，喔不，煮肉湯的介子推％……＄％ㄟ＆＊……

> 可不可以不要唸那麼長的感謝名單咧？

092

―――― 此處分隔線 ――――

不過和齊桓公的霸業不同，

晉國的霸業並沒有隨著晉文公的去世而終止，

相反地，晉國的霸業持續了**上百年之久**。

楚國顯然也沒那麼不經打，

吃了一場敗仗後，**元氣恢復得也很快**。

隨後的時間裡，

晉楚爭霸，成了春秋時代的歷史主線。

> 雖然總體上是晉國略占上風⋯⋯

要說楚國為啥能這麼跩，能和超級大國晉國打個有來有往，

這個嘛⋯⋯我們在之後的內容裡會再講啦。

> 啊哈？我以後還有戲分呀？

093

然鵝

朕說歷史・春秋篇 — 晉楚爭霸

晉國雖然是個實打實的超級大國，
但內部也潛藏著一個**隱患**，那就是——
==公室勢力在衰微，卿大夫家族勢力在強大。==

晉國比較強勢的君主**晉悼公**去世後，
卿大夫的勢力更加膨脹，
國政逐漸落到了「**六卿**」家族手裡。
（趙氏、魏氏、韓氏、智氏、范氏、中行氏）

但這六卿家族之間也**內鬥**個不停。
首先是**范氏**和**中行氏**被消滅，
然後**智氏**被**韓魏趙**三家聯合起來幹掉。

再然後，**韓魏趙三家瓜分了晉國土地。**

再再然後，就沒有然後了。

最後一位晉國國君**晉靜公**，被廢為庶民。

春秋時期的超級大國晉國，

就這樣徹底下線，在歷史中銷聲匿跡。

第七章 晉國版《權力的遊戲》

—— 國君與卿大夫

晉國這個春秋**頭號超級大國**，

最終被**韓魏趙**三家瓜分，然後徹底**下線**。

那麼問題來了，晉國國軍真的就這麼廢柴，眼睜睜看著卿大夫勢力膨脹起來嗎？

答案是——

你要真這麼想，就是太 naive（幼稚）了。

實際上，在大半個春秋時代，

晉國國君和卿大夫勢力鬥得非常厲害，

暗殺、陰謀、背叛、滅族……

各種血腥反轉的事件層出不窮，簡直有**《權力的遊戲》**既視感。

這場遊戲裡能勝出的，恐怕都是狠角色。

現在，我們就來盤點一下這齣轟轟烈烈的——

晉國版《權力的遊戲》。

總體來說，晉國國君**勢單力孤**，卿大夫勢力**非常強大**。

然鵝

雖然晉國國君代表隊是弱旅一支，但在面對強大的卿大夫勢力，依然撐了**五個回合**之久。

晉靈國君VS卿大夫勢力
第一回合 ROUND 1
刺客控場失敗

PLAYER 1 MEMBER SELECT **PLAYER 2**

擂台決戰　一觸即發

選擇角色

　　晉靈公打算幹掉他在位時主政的權臣**趙盾**，搶先攢足了氣條，開了個大招——**召喚出刺客一枚**。

朕說歷史・春秋篇 ── 國君與卿大夫

> 去吧！！去幹掉趙盾！
> 晉靈公
> 刺客

刺客潛入趙盾家中後，發現趙盾家簡陋到不行，接著開啟**鷹眼**，發現趙盾穿著朝服準備上朝。

蛋是

時間還早，他正端坐著瞇眼打盹，
完全沒有任何防備！！

然鵝

看見趙盾這麼操勞辛苦，刺客感動得眼淚直流，

覺得他簡直就是鐵桿大忠臣，

根本不忍心按下滑鼠左鍵刺殺目標，

但又不能違抗晉靈公的命令，所以——

這名刺客，**直接選擇自殺！**

無法直視！

一個大招打空了，晉靈公又放出另一個大招：

請趙盾喝酒，

在席間埋伏好士兵，等趙盾喝醉後就幹掉他。

然鵝

趙盾的部下發現情況不對勁,扶著趙盾要跑路,晉靈公放出**猛犬**追擊。

努力裝出很兇的樣子～～

好在有部下拚死保護,趙盾**逃出生天**,然後趕緊逃離了晉國都城。

然鵝

正當晉靈公以為奸計完全得逞，趙盾的勢力已被清除時，趙盾的兄弟**趙穿**突然殺了出來，率軍突襲晉靈公，一招就清空了他的血條。

晉靈公，仆街[註]！

註：仆街，廣東話用語，字面上的意思是「出門後摔倒在街上」，常用來罵人。網路上沿用為失敗、去世。

第一回合， 以晉國國君代表隊慘敗告終。

雖然晉靈公**自己也不是啥好鳥，**
嫌廚子做飯沒做好，就能下黑手把廚子的肉體消滅，
還把屍體當垃圾打包，讓宮女帶到外面扔掉。

> 沒做好垃圾分類，負評！

但身為臣子的**趙氏家族**，竟然以下犯上，弒殺君父，
使得趙氏家族手中的權力更加巨大。
這就讓國君勢力受到嚴重打擊，
卿大夫勢力開始要上天了。

晉和風雲VS卿大夫勢力
第二回合 ROUND 2
對手幾乎團滅

這一回合，**晉景公**寵倖的臣子**屠岸賈**，幫忙開了個超級大招：直接派兵把趙氏一鍋端。趙盾的兒子兼繼承人**趙朔一族**，幾乎全部仆街！

（對，這大招效果類似於核爆）

然鵝

趙朔的老婆是**上一位國君的女兒，**
當時肚子裡正懷著趙朔的孩子，她被嚇得躲進了宮裡，
沒多久還產下一個**可愛的男寶寶。**

這個孩子就是大名鼎鼎的「趙氏孤兒」。

屠岸賈聽說後，決定要斬草除根，又派軍隊來宮裡搜索。
趙朔的老婆機智得很，
趕緊把嬰兒藏在自己的褲襠裡。

> 報告老闆,老婆的褲襠,宮裡上上下下都搜過,除趙朔並沒有找到趙家那個孽種……

古有褲襠藏嬰,今有褲襠藏雷。人類這神奇的褲襠,堪比哆啦A夢的四次元口袋。

還好這個孩子躲過一劫。

不過屠岸賈沒找到孩子,肯定不會就這麼算了。

剛巧趙朔有位門客**公孫杵臼**,

還有位好朋友**程嬰**,想出了一個能瞞住屠岸賈的妙招。

> 難道說是兩個人接力,把孩子藏在褲襠裡養大嗎?

---First---

程嬰找來一個嬰兒,**冒充**趙氏孤兒。

(後世甚至傳說這個嬰兒是程嬰自己的孩子)

朕說歷史・春秋篇 ── 國君與卿大夫

---Second---

讓**公孫杵臼**帶著假冒偽劣嬰兒假裝躲起來，

程嬰再去找屠岸賈告密。

屠岸賈派士兵將公孫杵臼和假嬰兒幹掉。

---Third---

屠岸賈很 **happy** 地以為趙氏家族已經被**團滅**，

而這個名叫趙武的真・趙氏孤兒，**卻被程嬰偷偷養大**。

> 順便一說，這個趙氏孤兒就是戰國七雄中趙國的始祖。關於趙國的故事，朕以後會繼續掰下去。

不過無論怎麼說，

晉景公借屠岸賈的**小黑手**，輕鬆殲滅了權勢滔天的趙家，

打擊了國內卿大夫家族的勢力，

為晉國國君代表隊**成功扳回一局**。

順便再說一句，晉景公晚年又**心軟了**，

給趙家人平了反，還把趙武找回來，重新**賞賜了封地**，

把屠滅趙家的鍋全甩給屠岸賈，

害得屠氏全族被趙武復仇屠滅。

屠岸賈

寶寶委屈，寶寶心裡苦，寶寶不說。

朕說歷史・春秋篇 ── 國君與卿大夫

趙氏家族幾乎被團滅以後，晉國國君**並沒有高枕無憂**，因為其他權臣家族很快又**膨脹**起來了。

> 坑人呀！好不容易把趙氏壓下去了，怎麼又冒出什麼欒氏和中行氏？！
>
> ——晉厲公

然鵝

晉厲公太心軟，不想殺孽太重，結果重複了晉靈公的命運。**欒氏、中行氏**搶先發動攻擊，晉厲公慘遭**捆綁囚禁 play**，在被凍結所有技能後，被幹掉了。

晉厲公，仆街！

朕說歷史・春秋篇 ｜ 國君與卿大夫

晉悼公腦子聰明，知道好不容易打壓了一個家族，另一個家族又蹦起來，打來打去，什麼用都沒有。

所以，晉悼公不準備玩打地鼠的遊戲，他準備——

直接灑！農！藥！

具體作法就是：要讓晉國公室**增加點肌肉，**
這樣才能震懾住卿大夫勢力。

First

晉悼公鼓勵公室子弟去 battle 立軍功，想要把軍權 hold 住。

Second

努力扶持親近公室的祁氏、羊舌氏兩大家族，
給隊友狂加血，想要在朝中玩平衡術。

朕說歷史・春秋篇 ——國君與卿大夫

> 像晉悼公這樣的王者，灑出的核爆級農藥，可以簡稱「王者的農藥」。

晉悼公這兩桶農藥灑下去，

在他統治期間，卿大夫勢力果然老實了不少。

這一回合，晉悼公成功為國君代表隊再次扳回一局！

然鵝

晉悼公一死，後繼的幾位國君都沒他這樣的雄才大略。

於是，這場權力的遊戲迎來了最終局。

晉國國君VS卿大夫勢力
第五回合 ROUND 5
隊友全下線

在晉悼公死後，逐漸強勢起來的**「六卿家族」**——**趙氏、魏氏、韓氏、智氏、范氏、中行氏**，到了**晉頃公**在位時，幾乎已經**隻手遮天**！

朕說歷史・春秋篇 ── 國君與卿大夫

當年被剿滅到只剩下一個趙氏孤兒的趙家，

也再次強大起來。

趙氏的繁殖能力真不簡單啊！

在最終回合，趙氏當上了**帶頭大哥**，聯合其他家族，

將公室的兩條好狗<mark>祁氏、羊舌氏</mark>全族屠滅。

從此以後，晉國國君的隊友**全員下線**。

國君再也沒有可以依靠的力量，勢力衰弱成**小雞仔**，

註定再也翻不起風浪了。

——此處分隔線——

五個回合下來,晉國國君代表隊被**淘汰出局**。

蛋是

晉國版《權力的遊戲》**並沒有因此而全劇終**,
六卿家族內部隨後也開始**決裂**,向著曾經的盟友揮起了屠刀。

趙氏孤兒事件,歷史記載有兩個版本,
本文參考的是《史記・趙世家》的版本。

第八章 六卿家族瓜分晉國大戰

——晉國國君政權旁落

晉國國君和卿大夫勢力有來有往地鬥了**五個回合**，
結果晉國國君被徹底打趴，
晉國國政落在了「「六卿」」家族手裡。

這個時候的晉國，就好像一艘漂浮在海面上的小船，
六卿家族擠在小船上面，都覺得有點擠，
於是，六卿家族之間很快**又打了起來**。

朕說歷史・春秋篇 ｜ 晉國國君政權旁落

那你倆先下去吧！

首先出局的，是**范家**和**中行家**。

他們被其他四大家族聯合起來滅掉了。

緊接著，智家的當家人**智伯**，成了**晉國一號喬事人**。

毫無疑問，智家也就成為晉國 NO.1 大家族。

然鵝

韓魏趙三大家族，

雖然心裡頭有一萬句髒話，但並不想講給智伯聽。

面對越來越囂張的智家，他們只能選擇——

rěn
忍

120

> 因為，沒有實力的憤怒，毫無意義。

韓魏趙三大家族中最懂得忍、堪稱**晉國第一忍者龜**的，

當屬趙家的**老大**──**趙襄子**。

> 盡情地蹂躪我、羞辱我吧！
> 我保證絕對不會發火。

趙襄子

有一回，智伯喝酒喝得**醉醺醺**，興致一來，想向趙襄子灌酒。

結果趙襄子十分感動，**但毫不猶豫地拒絕了，**

氣得智伯直接把酒杯甩他臉上。

朕說歷史·春秋篇 晉國國君政權旁落

連趙襄子的**手下**都看不下去了，
勸他動手幹掉智伯以出口惡氣。
趙襄子卻說：
你們知道為啥我老爹會選我當家族繼承人嗎？因為──

我
能
忍
！

知伯醉，以酒灌擊毋恤。毋恤群臣請死之。
毋恤曰：「君所以置毋恤，為能忍訽。」
──《史記·趙世家》

在那個一言不合、拔刀就砍的時代，
能忍，絕對是非常難得的亮點。

趙襄子簡直就是**中國第一忍者**。

那年頭的晉國,已經丟掉了霸主寶座。
身為**晉國喬事人**的智伯,找上韓魏趙三家,
藉口要恢復晉國的勢力,
要每家都拿出**一萬戶的土地人口**,還給晉國國君。

面對智伯的淫威,
韓家**忍**了,魏家也**忍**了,都乖乖交出了土地和人口。

然鵝

這一回,趙襄子並沒有**再忍下去**!

> 朕說歷史・春秋篇　｜　晉國國君政權旁落

趙襄子**拒絕**獻出地盤。

智伯氣得小宇宙爆發，**糾集了韓、魏兩家，向趙家開戰。**

趙家根本抵擋不住攻勢，

被血虐得**節節敗退**，城池丟了一座又一座。

智伯的大軍將趙家的大本營**晉陽城**圍住，

還掘開汾水的堤壩**水攻**晉陽，搞得晉陽城成為**汪洋大海**。

城裡被困的老百姓，甚至餓得開始**易子而食**。

> 這一招使出來,趙家的滅亡正式進入倒數計時階段。

然鵝

機智的趙襄子偷偷派出**嘴炮達人**去告訴韓、魏兩家:

一旦趙家被智伯滅了,下一個,就輪到你們了。

韓魏兩家一聽,覺得**好有道理**,立馬反水去打智家。

韓魏兩家**偷襲**智伯,控制了汾水堤壩,

對準智伯軍隊的大營**放水**。然後——

> 朕說歷史・春秋篇 —— 晉國國君政權旁落

> 那畫面太美……

智伯的雄兵虎將瞬間被大水沖成了**蝦兵蟹將**。

智伯本人也淪為了**趙襄子的俘虜**。

忍了這麼多年的趙襄子，終於**大仇得報，怒殺智伯**，

還把智伯的頭蓋骨上了漆，做成了**飲酒器**。

> 趙襄子漆智伯之頭，以為飲器。
>
> ——《資治通鑑》

> 唯一的缺點是，智伯的腦子有點漏水……

智伯一上西天，韓魏趙三家就**瓜分了智家的土地**。

趾高氣昂的智家，**就此滅亡**。

> 蛋是

忠於智伯的人**並沒有完全死絕**，

其中就有獲得「智伯吧務組組長」、

「春秋戰國四大傑出刺客」、

「中國刺客 NO.1」等稱號的 **豫讓**。

> 順便說一句，「士為知己者死，女為悅己者容」，這句話就是豫讓說的。

得知智伯死得那麼慘，豫讓下定決心，

要刺殺趙襄子為智伯報仇。

刺殺計畫 A

豫讓**改名換姓**，偽裝成修廁所的施工人員，

躲到趙襄子家的**廁所**裡，準備等趙襄子來蹲茅坑的時候，

忽然就來個──

背刺！
胸刺！！
屁股刺！！！

然鵝

趙襄子走到廁所門口時，也許是**第六感**太強了，立刻就覺得**心口悸動不舒服**。

> 我有一種不祥的預感，這會是我人生中拉的最後一泡屎⋯⋯

趙襄子趕緊要士兵把修廁所的人抓起來，果然發現這傢伙的身上藏著**匕首**。
既然刺殺任務失敗，豫讓也不躲不藏了，直接挑明：
我就是豫讓，來這裡就是想為智伯報仇！

> 好漢子，給你一個讚！

朕說歷史・春秋篇 —— 晉國國君政權旁落

趙襄子突然**霸道總裁**附體，

覺得這個傲嬌的刺客越看越**可愛**，

和別的妖豔賤貨完全不一樣，

不僅**捨不得殺他**，反而放了豫讓。

然鵝

豫讓**並不甘心失敗**，回家以後立刻策劃了刺殺 B 計畫。

刺殺計畫 B

這一回，豫讓**把漆塗在身上**，讓皮膚潰爛化膿，

還吞下**炭火**，讓自己的聲音變沙啞。

這一整套喬裝打扮完成後，他跑到市場上偽裝成**乞丐乞討**。

連豫讓老婆從街邊路過，都沒把他認出來。

> 豫讓又漆身為厲，吞炭為啞，使形狀不可知，行乞於市。
> 其妻不識也。
> ——《史記・刺客列傳》

也有可能，豫讓他老婆早就認出來了，只是故意裝作沒看見。

這麼說來，豫讓這一家人都是狠人……

朕說歷史・春秋篇 — 晉國國君政權旁落

豫讓摸清了趙襄子的**出行路線**，提前在一座橋下埋伏，準備等趙襄子路過的時候，忽然就給他來個——

背刺！
胸刺！！
屁股刺！！！

然鵝

等趙襄子乘馬車經過時，趙襄子的馬好像也有了**第六感**，突然受驚。

> 我有一種不祥的預感，這會是我馬生中最後一次載我主人……

受驚受驚

趙襄子的手下出動，果然在橋下發現了豫讓。趙襄子根本想不通，為啥豫讓老纏著他，質問豫讓：

你當過范家、中行家的家臣，智伯滅掉了這兩家，你不去殺智伯為主子報仇，反而當了智伯的家臣。我殺了智伯，你為啥像陰魂不散似地纏著我呢？

> 或許是刺殺你,比較有挑戰性囉?

豫讓的回答,令所有人都非常震驚、感動:
范氏、中行氏以眾人待我,我故以眾人報之;
智伯以國士待我,我故以國士報之。

> 用大白話來說,就是智伯對我太好了,好到我必須為他幹掉你。

聽豫讓這麼一說,這一回,趙襄子**把心一橫**,
決定不再放過豫讓,命令手下的士兵把豫讓圍了起來。
豫讓知道自己**活不過今天**,
在生命的最後關頭,他向趙襄子提出了刺殺 C 計畫。

刺殺計畫 C

就是讓趙襄子把衣服脫下來,豫讓象徵性地**捅衣服幾劍**⋯⋯

朕說歷史・春秋篇　晉國國君政權旁落

> 我有一種不祥的預感,這會是我衣生中最後一次被主人穿……
>
> 驚慌!驚慌!

趙襄子答應了,真的脫下衣服,把衣服送給豫讓捅。

豫讓一邊開開心心地捅,還一邊大聲叫喚:

吾可以下報智伯矣!

然後——**自殺身亡!**

…………

> 所以……他究竟是怎麼當上「四大傑出刺客」的?刺殺就沒成功過啊?!
>
> 去問你的老祖宗司馬遷吧……

中國第一忍者 vs 中國第一刺客,這場**宿命對決,**

以這種奇葩方式收場。

在豫讓這種智家的死忠分子被**徹底肅清**以後,

韓魏趙三家更加沒了顧忌,

把晉國國君這個吉祥物，**像丟垃圾一樣丟到一邊**，
然後開開心心地瓜分了晉國。

進入**戰國時代**，在原來的超級大國晉國的屍體上，
崛起的**韓、趙、魏**三個諸侯國，
也都殺進了**「戰國七雄」**之列。
不過，面對西方日益強大的秦國，
三個國家都必不可免地被秦國**一口一口吞掉**。

第九章

因為一頂綠帽，廢柴之王崛起了

——楚莊王成新春秋霸主

齊 晉 **楚** 吳 越 宋 鄭 魯 秦

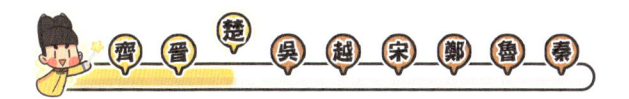

春秋戰國時代的楚國歷史，朕粗略地總結了一下，
可以分為**三頂綠帽**的故事和**一段被辜負的友情**。
其中兩頂影響了楚國國力，甚至導致滅國的綠帽，
就發生在春秋時期。

綠帽指數
綠帽指數
友情指數爆表
綠帽指數

今天朕先講講，楚國在
春秋時期收到的第一頂綠帽。

第一頂綠帽的主人翁，**是楚莊王**。
以下是關於該事件的**深度報導**。

135

朕說歷史・春秋篇　楚莊王成新春秋霸主

經過多方走訪調查，事件的真相逐漸明朗：
當天楚莊王和大臣們開 party，瘋到晚上，點了**油燈**繼續嗨，
楚莊王還命兩位**寵妃**輪流給大臣們**敬酒**。

忽然之間，一陣風吹過來，
油燈被吹滅了，屋子裡一片**漆黑**。
這時候，一個**色膽包天**的大臣趁著這個機會，
拉住楚莊王寵妃的手，意圖**非禮她**。

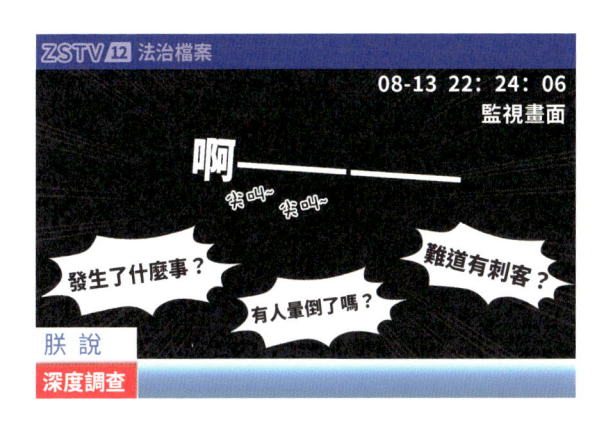

還好在兩人拉扯的過程中，楚莊王寵妃**撕斷衣袖**掙脫了，

還順手扯下了犯罪嫌疑人帽子上的纓帶。

有了證物在手，寵妃趕緊報告楚莊王，

只要楚莊王讓人重新點燃油燈，那麼——

給楚莊王戴綠帽的罪犯，將無所遁形！

朕說歷史・春秋篇 ── 楚莊王成新春秋霸主

然鵝

楚莊王卻讓所有的大臣都取下帽子纓帶，

然後才命人重新點上油燈，也就是說──

他完全不 care 被戴綠帽，根本就不願追究這事。

什麼情況？

是的，楚莊王真的饒恕了這個送給他一頂 **一星級綠帽** 的人。

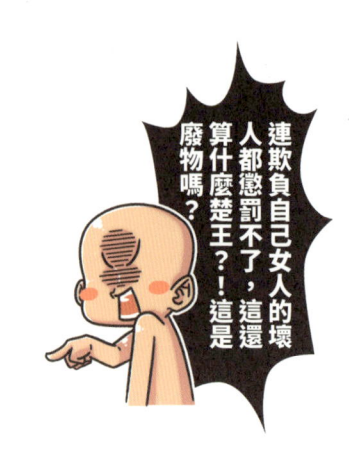

連欺負自己女人的壞人都懲罰不了，這還算什麼楚王？！這是廢物嗎？

138

實際上，楚莊王剛剛即位的時候，很多大臣都認為他就是一個**廢柴**㊟。

即位後的楚莊王，成天窩在後宮裡**吃喝玩樂**，每天和后妃玩得很 happy，喝酒喝得醉醺醺，對於國政**完全不搭理**。

註：廢柴，網路用語，形容一個人非常沒用，一無是處。

朕說歷史・春秋篇 ── 楚莊王成新春秋霸主

> 廢柴躺~
> 大王,不好了!蠻族起來造反啦!我膝蓋中了一箭!

> 廢柴躺~
> 大王,不好了!附屬國也起來造反啦!我被捅了一刀!

全國各地**告急文書**都發到了楚莊王那裡,但楚莊王繼續吃喝玩樂,**看都不看一眼,**把國家大政全部交由**權臣家族若敖氏**來處理,就這樣在王位上混了**三年**的日子。

> 這是立志成為廢柴之王嗎?

楚莊王為了預防大臣們在他面前**囉囉嗦嗦**，惹他心煩，

還立了個**規矩：**

誰要是來我這裡囉囉嗦嗦，我就弄死誰！

> 莊王即位三年，不出號令，日夜為樂，
>
> 令國中曰：「有敢諫者死無赦！」
>
> ——《史記・楚世家》

然鵝

偏偏就個有不怕死的忠臣，名叫**伍舉**，

實在不忍楚莊王這麼廢柴下去，就跑去跟楚王說：

我想跟大王玩猜謎語。有一隻大鳥停在土山上三年了，

既不飛，也不鳴叫，這傻鳥是在做什麼呢？

楚王瞬間 get 到伍舉在說什麼，回了一句千古名言：

三年不飛，一飛沖天；三年不鳴，一鳴驚人。

> 「一鳴驚人」的典故，就是來自這裡。
> 順便說一句，這個伍舉有個很厲害的
> 孫子，以後我們會講到他。

伍舉聽完很**振奮**，覺得這個廢柴大王還有點救。

然鵝

後面幾個月，楚莊王卻**變本加厲**，玩得更嗨了，
天天宮裡**蹦迪、吃烤串、看豔舞表演**，
一副**完全沒救了**的樣子，
逼得另外一位大臣不像伍舉一樣**打啞謎**了，
而是直接**冒死進諫**。

非要用這種方式嗎？

這一回，楚莊王被感動得淚眼汪汪的，
身體內的**王族血脈**瞬間**覺醒**，開啟**華麗變身**。

朕說歷史・春秋篇 ─ 楚莊王成新春秋霸主

所有人都沒有料到,

當了三年廢柴的楚莊王,其實是個**心機 boy**。

他頹廢了三年,也在**暗中觀察**了三年,

知道朝中誰才是可以依靠的人,誰才是縱容他享樂的奸臣。

> 這演技,穩穩奧斯卡最賤男主角。

實際上這麼多年來,楚國權臣若敖氏一族在朝中**權勢很盛**。

楚莊王**不滿二十歲即位**,毛都沒長齊,壓根沒法和若敖氏鬥,

只能選擇**裝廢柴**,隱忍下去。

蛋是

三年後時機成熟,他決定不再裝下去,開始**親理朝政**。

他一上來就誅殺了幾百名奸人,又**提拔**了幾百名賢人,

像伍舉這樣的忠臣,都獲得了**重用**。

於是乃罷淫樂,聽政,所誅者數百人,所進者數百人,

任伍舉、蘇從以政,國人大說。

——《史記‧楚世家》

> 朕說歷史・春秋篇 ── 楚莊王成新春秋霸主

沒想到，若敖氏大 boss **斗越椒**竟然發動**叛亂**，
準備進攻楚莊王。
楚莊王來了個**精采反殺**，帶兵幹掉斗越椒，將若敖氏滅族。
從此──
楚國軍政大權徹底回到楚莊王的手裡。

> ZSTV 12 法治檔案
> 請問，被一個廢柴反殺，您現在的心情如何？
> 斗越椒：呃啊⋯⋯
> 朕說 深度調查

hold 住了國內軍政大權，楚莊王把目標轉向**中原**。

楚國一直被中原各國當成**「蠻夷之國」**，
例如，齊國、晉國稱霸的時候，和中原小國開 party，
從來不帶楚國玩。

這讓楚國人很**不爽**,歷代楚國君主都想讓楚國強大起來,讓中原各國不再小看楚國。

然鵝

楚國雖然不斷變強,但在楚莊王的爺爺<mark>楚成王</mark>那一代,楚國被<mark>晉文公</mark>按在地上摩擦,把春秋霸權輸給了晉國,**這就是歷史上驚天地泣鬼神的——**

城濮之戰

前廢柴、現有為青年的楚莊王,

如今的目標,已經不僅僅是當個霸主。

他有**更大的野心**，不僅想幹掉晉國，

還打起了周王室的主意。

周天子

有一回楚莊王大軍來到周天子的都城**洛邑**，

嚇得周王趕緊派大臣**王孫滿**去犒勞楚軍。

席間楚莊王問王孫滿：周王的九鼎有多重？

▼

傳說九鼎是**大禹**所鑄，後來就成了**象徵天下的國之重器**。

楚莊王這麼問，意思很明顯，就是對天子寶座**看得眼饞**。

「問鼎天下」這個典故，也來自楚莊王。

然鵝

朕說歷史・春秋篇 —— 楚莊王成新春秋霸主

王孫滿一聽，**心裡想罵人，但嘴上笑嘻嘻，**
憑藉一口厲害的嘴炮，打消了楚莊王的野心。

他說：一個國家的興亡，在德不在鼎。

天命還是周王室的，你問了也是白問。

換句話說，就是得問問自己的能力⋯⋯

明白自己無法完成奪取天命這種**史詩級難度**的任務，
楚莊王就安心去打中原小怪國，以及晉國這個超級大怪。

最後，透過一場名叫**「邲之戰」**的大戰，
楚莊王爆錘了**晉國**，洗刷了楚國在城濮戰敗的恥辱，
成了繼**齊桓公、晉文公**之後
第三位**「春秋霸主」**。

147

朕說歷史・春秋篇 ── 楚莊王成新春秋霸主

> ZSTV 10 探索檔案
> 其實……打敗晉國，坐上這個霸主寶座呢，寡人真心誠意感謝一個人……
> 誰？
> 那個給我戴綠帽的人。
> 楚莊王
> 朕說深度調查：我變強了，也綠了。

在和晉國的戰爭期間，總是有一位大臣作戰**特別勇猛**，

經常不顧危險，帶隊衝鋒在前，

五次打退晉軍進攻，讓楚國獲得勝利。

楚莊王很好奇，他對這個人**沒啥優待**，

為啥這個大臣作戰這麼拚？

一問之下才明白，原來這個大臣，

正是在 party 上非禮楚王愛妃的**臭流氓**。

破！案！

逐漸顯露～

148

給楚莊王戴了一頂**綠帽**,他都大度不追究,
這位大臣感動得淚眼汪汪的,**決定此生要好好報答楚莊王。**
所以,他這麼賣力拚命,在晉楚爭霸戰中**立下大功勞**。

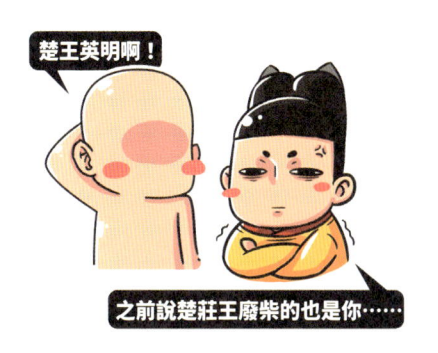

一頂無關緊要的**羽量級**綠帽,換來了楚莊王的春秋霸業,

就四個字——

物

有

所

值

!

第十章

又一頂綠帽引發的連鎖反應,讓楚國差點亡國

——秦楚聯姻

楚莊王一死，楚國國力就像墜崖一樣，**直線下墜**。
在晉楚爭霸戰爭中，楚國常常**處於下風**。更要命的是，
晉國還在周天子管區扶持了吳國，
在楚國屁股後面搞小動作。

朕說歷史・春秋篇 ── 秦楚聯姻

為了扭轉被晉國欺負的局面，楚平王決定要和**秦國**聯姻，搞好關係，一同制衡晉國。

萬萬沒想到，這個聯姻大戰略，竟然搞出一頂**重量級綠帽**，演變為家庭倫理大戲，還差點讓楚國**亡國**。

這頂綠帽，是屬核彈的嗎？

那麼朕就來講講，楚國這**第二頂綠帽**的故事。

綠帽指數 ⭐
綠帽指數 ⭐⭐⭐⭐⭐
友情指數爆表
綠帽指數 ⭐⭐⭐⭐⭐

這齣家庭倫理狗血劇，一開始還挺像**歷史正劇**。

楚平王搞秦楚聯姻，

本來是想讓**太子建**和秦景公的女兒**孟嬴**結婚。

然鵝

派去秦國迎親的大臣~~廢物雞~~（大誤）**費無忌**，

本來是太子的老師，但其實就是個**無恥小人**，

回國後偷偷稟告楚平王：

唉呀媽呀！大王您這未來兒媳孟嬴簡直太漂亮了！

然後──

朕說歷史・春秋篇 —— 秦楚聯姻

楚平王這種**極品老色鬼**，在費無忌的建議下，真的就將孟嬴**調包**，換了另外一名女子給太子建。

孟嬴則被快遞到楚平王的床上。

太子建因此收穫了一頂結結實實的<mark>綠帽</mark>。

這頂**天降綠帽**，能如此精準地扣在太子建的頭上，費無忌有天大的功勞。

費無忌害怕楚平王喝屁後,太子一登基會找他算帳。

所以,他決定**先下手為強**。

他先讓楚平王把太子**趕出都城**,然後再**誣告太子**,

說太子和他的另一位老師**伍奢**,

與晉國等敵國有不可告人的交易,準備**密謀造反**。

楚平王還真信了，

不僅捆綁、**囚禁**了伍奢，還準備**派人幹掉**太子建。

好在太子腿腳敏捷，一聽到風聲不對勁，

趕緊開足馬力，**逃離了楚國**。

> 太子別溜啊！這麼多黑鍋，老臣一個人背不動啊！
>
> 伍奢

太子既然溜了，剩下的伍奢，肯定要被**問罪處斬**。

蛋是

伍奢有兩個很厲害的兒子——**伍尚**和**伍子胥**。

費無忌擔心殺了伍奢，這兩個 boy 早晚會升級為楚國的禍患，

所以他的建議是，

乾脆讓伍奢把兩個兒子叫回來，然後**一起殺掉**。

朕說歷史・春秋篇 ── 秦楚聯姻

> 寫信把你兒子叫回來，寡人就免你一死。
>
> 尚兒好傻好天真，但子胥還沒那麼智障⋯⋯

於是王使使謂奢：「能致二子則生，不能將死。」

奢曰：「尚至，胥不至。」

——《史記・楚世家》

楚平王才不信伍奢的邪，派人找到伍家兄弟，告訴他們：

只要你們兩兄弟回都城，寡人就饒了你們的老爹。

然鵝

雖然兩兄弟都不信楚平王，

但哥哥伍尚覺得要盡孝，哪怕被人剁了，也**必須回去**；

弟弟伍子胥覺得**千萬不能回去**，

不然就會被騙進傳銷（大誤）騙進牢房。

最後伍尚想了個招：

157

朕說歷史・春秋篇 ─ 秦楚聯姻

> 就這麼愉快地決定了！
> 送死我去，報仇你來！

伍子胥 **伍尚**

伍子胥趕緊逃出楚國，開溜成功了，
但伍奢和伍尚被楚平王下令處斬。

從此以後，
楚平王和秦國公主孟嬴，就過上了羞羞臉的幸福生活。
——（全劇終）——

然鵝

> 事情並沒有那麼簡單⋯⋯

N 多年以後，楚平王病死，
楚平王和孟嬴的愛情結晶──**楚昭王**即位為王。

158

當年逃難到吳國的**伍子胥**，經過一番操作，
扶持**吳王闔閭**奪得王位，成了闔閭**最信賴的好朋友**。

> 至於伍子胥是怎麼樣操作的，這當中的故事，朕會在後面的「吳國篇」裡細說。

楚平王雖然上了西天，
但伍子胥依然沒有忘記父兄被殺的**深仇大恨**，
這麼多年來，伍子胥只想做一件事——

復仇！復仇！復仇！

> 一定帶領吳國軍隊猛捅楚國的痛處！

機會終於來了！

這一回，**楚國**派重兵去欺負**蔡國**這個鼻屎小國，國內防衛空虛。這相當於主動把痛處暴露在了吳國面前。

> 這送上門來的肥肉，我不捅一下，都對不起我的刀。

所以吳王闔閭**親自掛帥**，任用**伍子胥**和**孫武**為大將。

（對，就是寫《孫子兵法》的那個孫武）

三萬大軍水陸並進，正式以**援救蔡國**的名義出兵。

> SSR孫武都被吳王抽中了，楚國肯定要完玩了呀！

果然，透過**柏舉之戰**，楚軍被吳軍打得土崩瓦解。

然後吳軍一路向西，**連戰連捷**，直接攻下了楚國首都**郢都**。

楚昭王逃亡國外，楚國**幾乎就要亡國**。

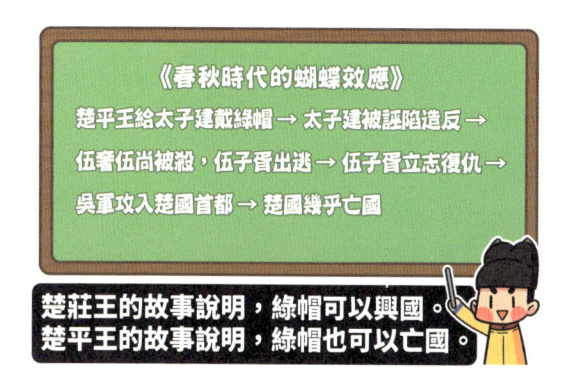

《春秋時代的蝴蝶效應》
楚平王給太子建戴綠帽 → 太子建被誣陷造反 →
伍奢伍尚被殺，伍子胥出逃 → 伍子胥立志復仇 →
吳軍攻入楚國首都 → 楚國幾乎亡國

楚莊王的故事說明，綠帽可以興國。
楚平王的故事說明，綠帽也可以亡國。

吳軍攻陷郢都後，各種**燒殺搶掠**，玩得不亦樂乎，

楚國百姓簡直倒了大血霉。

你的仇人是楚平王，又不是楚國百姓！冤有頭，債有主，你沒聽過嗎？

對啊！

伍子胥的大仇人，當然是**楚平王**，

可惜楚平王運氣太好，早就嗝屁上了西天了。

大仇人都死了，還能拿他怎麼辦呢？

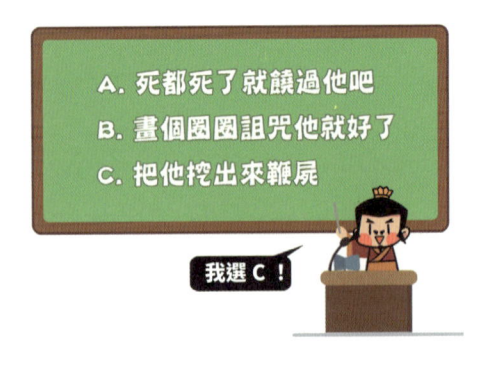

> A. 死都死了就饒過他吧
> B. 畫個圈圈詛咒他就好了
> C. 把他挖出來鞭屍

我選C！

伍子胥直接派士兵挖開楚平王的陵墓，

把楚平王的屍體拖出來，**狠狠鞭打了三百下。**

伍子胥左腳猛踩屍體的肚子，

右手把楚平王的眼睛挖了出來，當起了激烈的墳頭舞棍。

<small>伍胥以不得昭王，乃掘平王之墓，出其屍，鞭之三百，左足踐腹，右手抉其目。</small>

<small>——《吳越春秋》</small>

> 這可能是歷史上最凶狠的復仇。

都城被攻下，楚昭王流亡外國，

如果不出意外的話，楚國就這樣完蛋了。

還好楚國有個忠臣，叫**申包胥**。

朕說歷史・春秋篇 ── 秦楚聯姻

> 順便一說，申包胥有個很厲害的後代，就是包拯包青天。

申包胥和伍子胥兩人是好友，伍子胥流亡的時候，

曾向申包胥甩過一句狠話：**老子一定要滅了楚國！**

申包胥淡定地回了一句：**那我一定能救下楚國。**

聽說伍子胥掘墓鞭屍，

流亡山裡的申包胥，還寫信勸諫過伍子胥別太過火，但伍子胥**不聽**。

沒辦法，申包胥只能一路向西，**去秦國求救兵**。

一開始,秦國國君是拒絕的,
但申包胥也是個狠人,靠著院牆**哭了七天七夜**,
哭聲不斷,七天沒有喝過一口水,
終於把秦國國君感動了,決定**出兵救援楚國**。

朕說歷史・春秋篇 — 秦楚聯姻

你是猴子,喔不……
申包胥請來的救兵嗎?

就在這個時候,剛好**吳國發生內亂**,後院起火,
再加上楚國扶持起來要對付吳國的**越國**,
發現吳國國內空虛,也想有樣學樣,猛捅吳國的弱點。

我也忍不住想捅
一刀,怎麼辦?

所以，吳國只好選擇**退兵**，

要死不活的楚國，終於從 ICU 裡被成功搶救回來，

楚昭王復國成功！

一頂小小的綠帽引發的連鎖反應，竟然差點導致楚國滅亡，

這麼說來，綠帽真該被列為**大規模殺傷性武器**。

楚國經過這場大動亂，**元氣大傷，**

退出了春秋爭霸的舞台。

等下一次楚國重回舞臺成為大玩家，

那已經是戰國時代的事了。

第十一章 春秋第一星探成就吳國霸業

——吳王闔閭與伍子胥

齊 晉 楚 吳 越 宋 鄭 魯 秦

現在，我們正式開啟**春秋系列的吳國篇**。

而要講吳國篇，首先得提到一個楚國人，那就是——

伍
子
胥
。

> 沒錯！就是以前朕說過的，那位把楚平王從墳墓裡拖出來鞭屍的猛人。

前面我們也提到過，

因為**楚平王**給兒子太子建戴**綠帽**，引發了**連鎖反應**。

後來楚平王殺死了伍子胥的老爸、老哥，

伍子胥出逃吳國。

他逃出楚國後**生了場大病**，那時候沒有**健保**，

伍子胥把盤纏花光了，最後淪落到**沿街乞討**的地步。

167

朕說歷史・春秋篇 ── 吳王闔閭與伍子胥

最慘的時候，他是**用膝蓋走路**，

還脫下上衣，**赤裸著上身磕頭**討錢，

或者在市場上**吹簫賣藝**討錢。

伍子胥橐載而出昭關，夜行晝伏，至於陵水，無以糊其口，膝行蒲伏，稽首肉袒，鼓腹吹簫，乞食於吳市。

──《史記》

經歷過這些磨難的伍子胥，懷著**向楚國復仇**的大志向，

終於到達吳國首都。

也就是在這裡，他開始脫胎換骨，

從**乞丐祖師爺**混成了**春秋時代第一星探**。

說他是星探的祖師爺，更適合。

他首先發掘了**吳國第一號的潛力股**，

狼系貴公子──**公子光**。

這位公子光是**吳王諸樊**的兒子，

按理說諸樊嗝屁上西天後該輪到他登基當吳王。

蛋是

吳王的位置幾番折騰後，給了**公子光三叔的兒子**，

也就是**吳王僚**。

169

公子光對此並不是很 happy，一直想**幹掉吳王僚**，**自己當王**。

> 我扎死你這個卑鄙小人！
> 吳王僚
> 公子光

伍子胥看穿了公子光的小心思，決定幫助他奪得王位，讓自己成為公子光的**大恩人**，再把吳國搞成**強國**，這樣以後殺回楚國報仇就不是難事。

為了達成這個小目標，**星探祖師爺**伍子胥，就向公子光推薦了另一位他發掘的人才──猛男**專諸**！

> 快閃瞎我的鈦合金狗眼！
> 專諸

朕說歷史・春秋篇　吳王闔閭與伍子胥

據說有一次，伍子胥在大街上看見專諸正要跟一大群人打架，

氣勢上完全不落下風。

結果專諸老婆出來叫他，他馬上乖乖跟老婆回家。

伍子胥跑去問專諸原因，專諸回答說：

夫屈一人之下，必伸萬人之上！

> 用大白話來說就是，怕老婆的男人，才是真男人。

星探伍子胥一聽，**唉呀媽呀，這就是難得的人才啊！**

趕緊將專諸推薦給公子光。

然後，專諸搞出了歷史上最成功的**刺殺行動之一**——

專諸刺王僚

公子光邀請吳王僚來他家參加 party。

吳王僚也不傻，不僅帶了一堆侍衛，還穿了三層鎧甲。

等吳王僚一到，公子光藉口說腳不舒服，然後開溜，

再讓專諸**偽裝成上菜的**，端上來一盤**烤魚**。

烤魚肚子裡暗藏了一把**匕首**，

江湖傳說這把匕首是**鑄劍大師歐冶子**精心打造的，

鋒利無比。

> 順便一說，這把匕首後來被稱為「魚腸劍」，還在古龍的武俠小說出現過。

等專諸接近吳王僚的時候，他突然就拿出匕首，一擊刺穿吳王身上的三層甲，**當場擊殺吳王僚。**

完成任務後，專諸來不及逃跑，**直接就被吳王僚的侍衛 K.O.。**

侍衛也沒得意太久，公子光的伏兵很快地殺出，

幹掉了所有吳王僚的人。

在這場完美的刺殺行動之後，

公子光就開開心心地**登上吳國王位**，是為**吳王闔閭。**

朕說歷史・春秋篇 — 吳王闔閭與伍子胥

成登功基

我看中的潛力股終於變現了！

可惜，**事情還沒完。**

吳王僚的兒子**慶忌**逃到了**衛國**，謀劃奪回吳國王位。

闔閭一直把慶忌當心腹大患，

慶忌不死，他的位置就坐不穩當。

為了幫闔閭解決掉慶忌，

星探祖師爺伍子胥**再次發掘出一名人才──**

矮人勇士要離！

要離

這⋯⋯這是勇士？

要離雖然精通劍術，**但身材瘦小，身高不滿五尺。**
而他要去刺殺的對象慶忌，可是當時**天下第一大力士，**
虎背熊腰、力量嚇人，
曾經和**犀牛**徒手搏鬥，還把犀牛收拾得服服帖帖。

> 好漢饒命！
>
> 慶忌
>
> 春秋時代的管區，簡直民風剽悍，猛男輩出啊！

一個身高接近侏儒的瘦子，要刺殺天下第一大力士⋯⋯

而且慶忌**猜忌心很重，**刺殺幾乎是不可能的事。

但要離主動提議：

只要我假裝得罪大王，

大王砍掉我的右手，殺掉我的妻兒，慶忌就會信我了。

要離曰：「⋯⋯臣詐以負罪出奔，願王戮臣妻子，

斷臣右手，慶忌必信臣矣。」

——《吳越春秋》

> 嫁給要離這種男人，也真是倒楣啊……

闔閭心想妙計啊！ 然後他真這麼幹了。
斷手後的要離**假裝逃奔慶忌**，慶忌果然對他**深信不疑**。

後來慶忌率大軍**乘船**討伐吳國，
要離受信賴，和慶忌**在同一艘戰船上**。
突然一陣大風襲來，船身搖晃不定，慶忌站立不穩，
要離抓住這個機會，**用矛把慶忌捅成了殘血狀態。**

殘血後的大 BOSS 慶忌，一下單手就提起了要離，將他的頭按到水裡，又提出水面，如此來回循環**三次**。

他把淹個半死的要離**橫放在膝蓋上**，哈哈大笑說：

這傢伙真是天下勇士！竟然敢玩這一手來刺殺我！

> 慶忌顧而揮之，三捽其頭於水中，乃加於膝上，
> 「嘻嘻哉！天下之勇士也！乃敢加兵刃於我。」
> ──《吳越春秋》

慶忌英雄惜英雄，讓手下放要離回吳國。

最後慶忌傷口流血太多，**血條清空而死**。

這又是歷史上難得成功的一次刺殺行動！

不過搏命運動之後的要離，

覺得自己**害死妻兒**，以及**刺殺先王的兒子慶忌**，

是個「不仁不義」的大罪人，沒臉活在這個世上，

最後，**自斷手足，伏劍而死**。

慶忌一死，吳王闔閭終於治好心病，**穩固了王位**。

吳王位子坐穩了，伍子胥離復仇又近了一步，

但想爆打楚國為親人報仇，還必須找個打仗高手。

剛剛好，伍子胥又挖掘出這麼一位人才，

他就是——**兵聖孫子**！

孫子原名孫武，是來自齊國的正宗山東大漢，

不知道怎麼地來到天子管區定居生活，還被伍子胥一眼看中。

伍子胥向闔閭推薦了孫子七次，

闔閭決定給孫子一個面試的機會，

然後孫子帶著他的作品去面試。

對，這個作品就是——《孫子兵法》。

闔閭看完《孫子兵法》後，讚嘆不已，

不過心裡面還是有點不放心，怕孫子只會紙上談兵，

決定讓他現場演示一下兵法。

闔閭大概找來一百多號宮女,讓孫子親自操練。
孫子把宮女分成兩隊,還指定闔閭兩位愛妃當小隊長,
然後孫子開始下令演練軍陣。

然鵝

宮女們根本不聽號令,一個勁兒在原地捧腹大笑。
孫武說:約束不明,申令不熟,是為將者的錯。

於是,他又詳細說了要求,
結果再重新下號令時,宮女們還是嬉笑不止,不聽號令。

孫子不慌不忙地說道：

約束不明，申令不熟，是為將者的錯。

但我已經說得明明白白了，你們還不聽，

那就是你們的錯了。

他喝令將闔閭兩個寵妃拖下去，按軍法斬首，

嚇得闔閭趕緊向孫子求情。

但孫子偏不聽，硬是將兩個寵妃斬首示眾。

接下來孫子讓其他宮女代替兩位寵妃當小隊長，

這回再用鼓聲指揮宮女操練，

沒人敢出聲，也沒人敢不按照軍令來了。

有了孫子這樣的神將，吳國方面如虎添翼。

不過要打翻楚國，還差一個機會。

幾年之後，這個機會終於來了。

唐國、蔡國兩個小國，原本都是楚國的小弟，
但楚國權臣囊瓦覬覦他們的國寶，
居然將兩國國君軟禁了整整三年。
經過囊瓦這一頓操作，
兩個鼻屎小國和楚國的關係就此完全破裂。

蔡國一氣之下，和楚國的死對頭吳國結盟。唐國也想報仇。
於是，吳國決定聯合蔡、唐兩國，一起出兵攻打楚國。

朕說歷史・春秋篇 ── 吳王闔閭與伍子胥

在兵聖孫子的策劃下，吳軍繞過了楚國重兵把守的防線，直接從蔡國境內穿行，迅速突破到了楚國腹地。

囊瓦嚇得趕緊組織楚國大軍，一共十二萬人，向西阻截吳國大軍，而吳國軍隊只有區區三萬人。

十二萬 VS 三萬，

何況楚國是春秋超級大國，軍隊戰鬥力不弱，

這仗真的能打贏嗎？

面對人數差距，孫武使用**「打了就跑」**戰術，
避免正面交鋒的同時，還把楚軍騷擾得夠煩。

就這樣，楚軍**連著被打敗三場，**
最後在柏舉這個地方進行決戰，

楚軍再次大敗，直接土崩瓦解。
然後，囊瓦直接就腳底板抹油跑路了。

最終，吳軍攻陷了楚國首都郢都。
再後來發生的事，之前朕在楚國篇時也說過了：
伍子胥挖開仇人楚平王的墳墓鞭屍，
申包胥去秦國哭了七天七夜請救兵⋯⋯

經過這場戰爭，楚國元氣大傷。
而吳國攻破楚國首都，一躍進入春秋時代頭號強國之列。

按照《荀子》的「春秋五霸」版本，吳王闔閭也就成了繼齊桓公、晉文公、楚莊王之後的第四位春秋霸主。

不得不說，伍子胥這個**春秋第一星探**的眼光非常厲害——

▼

發掘了**狼系貴公子阿光**，扶持他當上了**吳王**；

發掘了怕老婆的猛男**專諸**，讓他幹掉了**吳王僚**；

發掘了矮人勇士**要離**，讓他幹掉了**慶忌**，穩固了闔閭的江山；

發掘了兵聖**孫武**，讓他打敗**楚國**，最終完成了自己的復仇。

論發掘人才的本事，

伍子胥稱第二，估計沒人敢稱第一。

至於被伍子胥挖掘出來的孫子，也是功成身退，

最後辭掉官職，飄然歸隱了。

> 當宅男，比當將軍有意思多了。

第十二章 吃屎吃出真感情

——夫差與句踐

吳王**闔閭**得到國寶級名將**孫武**，提升了吳國的軍事實力，終於攻破楚國首都，華麗變身為春秋霸主四代目。

然鵝

大概是當上霸主太順風順水，加上在楚國搞出太多暴行，闔閭耗光了人生中所有的好運，終於，有件**倒楣事**要攤在他頭上了。

朕說歷史・春秋篇 ─ 夫差與句踐

闔閭

就這種程度的倒楣事，寡人不怕。

tn！

不屑～
不屑～

比天降大便，要倒楣一萬倍喔。

這一年，闔閭率大軍去攻打**越國**。

越國的大 boss 大家都熟悉，

名叫~~越王夠賤~~（大誤）**越王句踐**。

句踐這麼酷炸天的人物，朕在後文的「越國篇」肯定還會細講啦。

吳國和越國的大軍，來到**檇李**這個地方大戰。

面對強大的吳軍，

越軍幾次派出敢死隊**衝鋒**，都被吳國軍隊**打退**。

188

就在這個關鍵時刻，句踐想到一個夠賤的妙招：
派出一大堆死囚來到吳國軍隊面前，
抽出劍來齊唰唰**抹脖子自殺**。

這是什麼令人窒息的神操作？

吳國士兵從沒見過這般架勢，
就像看見克蘇魯神話裡的怪物一樣，
瞬間**狂掉 san 值**（意為：喪失理智）。
然後越軍趁機進攻，吳國軍隊被打得落花流水，
連闔閭本人都被**斬掉腳趾**，後因**傷口感染**而死。

兒子，一定要幫我找回我的腳趾，喔不對，是一定要幫我報仇！

闔閭一死，他兒子**夫差**即位為吳王，

勵精圖治，準備給老爹報仇。

在闔閭留下來的賢臣**伍子胥**的輔佐下，

吳國國力、軍力慢慢恢復。

越王句踐很緊張，又想出一個妙招，那就是──

先發制人！！

（我要先發制人！ 越 吳）

然鵝

雖然越國之前僥倖打敗了吳國，

但和吳國的**實力差距**就擺在眼前，

很快夫差的**吳軍爆打了越國**，越國連都城都被攻陷。

句踐帶著殘兵敗將撤退到**會稽山**裡，眼睜睜看著就要亡國。

> 叫你先發制人！叫你先發制人！

啪啪！

還沒怎麼用力就打贏了，唉，春秋霸主的快樂，就是這要樸實無華且枯燥。

勞力士

蛋是

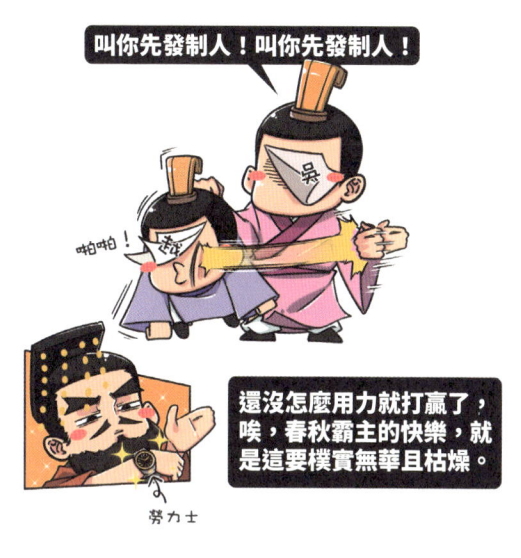

句踐身邊也有能人啊。他派出謀臣文種，讓他帶著財寶、美女，賄賂了吳國大臣**伯嚭**。

伯嚭就在夫差面前為越國說話，讓夫差放過越國，准許越國**給吳國當馬仔**。

> 不過朕覺得，就句踐這樣的人，當馬仔[註]是不可能的，這一輩子都是不可能的。

> 他當二五仔[註]還差不多吧。

註：馬仔，粵語裡幫忙做事的人的俗稱；二五仔，告密者或者出賣其他人者的俗稱。

伍子胥一看這還了得，趕緊**勸夫差一口氣滅掉越國，**說越國就是個大禍患。

可能夫差出生的時候腦子被夾壞了，完全聽不進去，硬是**同意了越國的講和請求。**

> 多謝霸主大哥不殺之恩，我要當你一輩子的下人！
>
> 真摯！
>
> 真摯！
>
> 一個不小心，又收穫了一個下人，唉⋯⋯春秋霸主的快樂，就是這樣樸實無華且枯燥。

按照雙方的約定，

句踐得親自去吳國，給吳王夫差當**奴僕**。

句踐先在越國安排得妥妥當當，讓**文種**留在越國**處理國政，**

然後帶著**妻子**和**謀士范蠡**一起前往吳國。

伍子胥勸夫差殺掉句踐，除掉後患。

然鵝

心大的夫差，還是不打算殺句踐。

> 我猜伍子胥心裡可能有一萬句罵人的話吧？

句踐在吳國給夫差**當馬伕**，一做就做了三年之久，各種除草、餵馬、打掃馬糞，表現得**很乖、很聽話**，讓夫差對他**喪失了警惕心**。

最誇張的一次，夫差生病了，句踐甚至**主動品嚐**夫差的大便，來幫忙鑒定夫差的病情。

> 有點苦，有點辣，又有點酸！

越王句踐

這一下，讓夫差感動得淚眼汪汪的，開始各種**優待句踐**，

氣得伍子胥繼續勸諫夫差。

兩個人還**大吵起來**，夫差也氣得快崩潰。

人家句踐可以吃我大便，你呢？

你身為臣子，寡人生病這幾個月，你為寡人做了些什麼？

> 換句話說，就是……你作為臣子，連朕的大便都不敢吃，竟然還敢說忠心於朕？！

夫差再也不想聽伍子胥**嘮嘮叨叨**了。

再後來，夫差決定**放句踐回國**，

還把侵佔的越國國土退還給了句踐。

句踐一回國就各種「**臥薪嚐膽**」，

暗地裡努力發展國力，準備**報仇雪恨**。

另一方面，夫差決定向北發展**去打齊國，和中原各國爭霸**。

伍子胥勸夫差不要打齊國，先對付越國。

可惜夫差已經走火入魔太深，完全聽不進去。

朕說歷史・春秋篇 — 夫差與句踐

越國為了對付夫差， 用了**美人計**，

送上兩名美女間諜**西施**和**鄭旦**。

夫差被迷得七葷八素，還浪費吳國國力，

為西施修建了豪華的大 house，名叫**館娃宮**。

伍子胥越看越痛心，繼續勸諫夫差。

可是夫差的耳朵**對伍子胥的諫言完全免疫**。

再加上伯嚭在夫差面前**挑撥離間**，

說伍子胥把兒子託付給齊國大臣，

這已經屬於赤裸裸的**吃裡扒外**。

> 朕看你印堂發黑，恐怕不得善終啊！

果然，夫差聽完伯嚭的話大怒，

派人給伍子胥一把**大寶劍**，要賜伍子胥**自盡**。

伍子胥仰天長嘆，給門客交待了臨終遺言：

你們在我墳前種上梓樹，

待它長大了，

可以給大王當棺材，

挖出我的眼睛，把它們掛在姑蘇城東門，

我要看看越國怎麼滅亡吳國。

乃告其舍人曰：「必樹吾墓上以梓，令可以為器；
而抉吾眼縣吳東門之上，以觀越寇之入滅吳也。」

——《史記‧伍子胥列傳》

伍子胥說完，抹脖子自殺。

夫差知道後很生氣，派人把伍子胥的屍體裝到皮袋子裡，

然後扔進河裡，任屍體漂浮。

可憐這個率軍攻陷楚國首都，還把楚王挖出來鞭屍的**狠人**，

最後竟然是這樣的下場！

> 迷信的講法，可能真的是當年攻破楚國首都後，伍子胥倒行逆施，殺孽太重導致的。

伍子胥一死，再也沒人在夫差耳邊嘮叨了。

夫差**忘掉了越國的威脅**，

一門心思撲在去中原爭霸的宏圖大業上。

終於在有一年，夫差率大軍北上，和**中原各國諸侯**在**黃池**會盟，結果被句踐率領大軍從背後捅了一下。

朕說歷史・春秋篇 ｜ 夫差與句踐

句踐攻陷了吳國，還**俘獲**了夫差的太子。夫差**連殺七名報信人**，對外封鎖消息，在霸主爭奪者**晉國**面前秀肌肉，進行**武力威脅**，才**勉強**當上了正式的霸主。

> 雖然幾個主流版本的「春秋五霸」名單裡，都沒有吳王夫差的名字⋯⋯

賺到這個**虛名**後，夫差趕緊回軍救吳國老巢。

這時候**士氣不足**，怕真和越國開戰又打不贏，

只好派使者去越國那邊**求和**。

> 現在還樸實無華且枯燥嗎？

句踐覺得自己現在實力還不夠，一口吞不下吳國，

就同意了夫差的求和，**撤兵**回了越國。

然鵝

吳國只是暫時能喘口氣，經過這場背刺突襲之戰，吳國和越國的強弱**關係開始逆轉**。也就是說——

吳國被越國滅掉，只是遲早的事了。

幾年之後，勢力更強的越國發兵攻打吳國。
這一次，句踐把夫差逼到了絕境。
夫差派人向句踐求和，句踐差點心軟答應，
好在范蠡勸住句踐別重蹈覆轍。
於是，句踐沒有再猶豫，一口氣滅了吳國。

但句踐還是決定**饒夫差不死,**
還想在偏僻的犄角旮旯裡,封個百把戶人家給他,
算是挺良善的了。

> 畢竟是嚐過他大便的男人,再怎麼說也有點感情的,是吧?

當年感情深,曾經一口悶。

然鵝

淪落到這個地步的夫差,大概已經覺得做人都太枯燥了,
果斷拒絕了句踐的好意,然後**拔劍自刎。**
據說他自殺時還**以髮覆面,**怕去地府沒臉見伍子胥。

一個曾經那麼強盛的吳國,各種爆打楚國、蹂躪越國,
卻根本**沒來得及跨入戰國時代,**就從這個世界上**消亡**了。

第十三章
戰敗後，一國之君當了鏟屎官
—— 吳越爭霸

齊 晉 楚 吳 **越** 宋 鄭 魯 秦

說完了夫差,接下來,

朕就來好好講講春秋時代**最後一位霸主**——**越王句踐**,

還有他的兩位給力小夥伴**范蠡、文種**。

> 就像黃桑,有我們兩個給力的小夥伴一樣。

傳說越國的始祖是**大禹**。

(對,就是治水的那個大禹)

然鵝

越國的主要人口以**百越族**為主,

語言、習俗都**和中原華夏民族不同**。

所以可憐的越國,被當成遠離文明的**蠻夷國家**,

朕說歷史・春秋篇 ── 吳越爭霸

在中原人眼裡就是小透明，中原史書都不怎麼寫越國，導致越國歷史有**一大段漫長的空白**。

不過到了**春秋中後期**，**晉國和楚國**兩個超級大國，為爭奪霸權打得天昏地暗，卻難分高下，晉國就暗地裡使了個陰招，在周天子管區扶持了**吳國**，猛捅了楚國。

蛋是

楚國也沒閒著,

在周天子管區也扶持了越國,

準備猛捅吳國。

於是,春秋歷史的主軸線,從晉楚爭霸換成了**吳越爭霸**,

越國也因此正式上線。

春秋 Online

[系統提示:越國已上線。]
越國:網路太卡了,現在才登上。
吳國:天吶!!
楚國:hahaha～我隊友來了,你死定了!
晉國:什麼情況?越國你哪位?

句踐的老爹 **允常** 在位的時候,

吳國和越國就已經打得昏天黑地了。

越王句踐即位當年,

更是用**死囚自殺來降低吳軍士氣**的奇怪陰招,

幹掉了吳王闔閭,和吳國結下了大樑子。

大概因為越國**遠離華夏文明核心區**，沒被中原那麼多死板的**禮法拘束**，句踐很善於使用陰招，活脫脫就是春秋時代的**陰招之王**。

傳說句踐長得也特別，史書記載是**「長頸鳥嘴」**，按當時面相學的說法，像他這種人特別陰狠無情、刻薄寡恩。

當然，這屬於迷信說法，肯定不可信啦。

黃桑，你可以稍微往左邊偏一下頭嗎？

不過即便如此，**范蠡**和**文種**兩位在楚國混得不好的人才，

還是**移民**到了越國，開開心心地來到句踐手下打工。

起初他們並不受重用，

哪怕提出一些有用的建議，句踐也沒工夫搭理。

吳王夫差即位後立志**要為老爹闔閭復仇**。

句踐腦筋一轉，決定再次玩個陰招，準備趁夫差不備，

對吳國來個**先發制人**的打擊。范蠡怎麼勸他都勸不住。

朕說歷史・春秋篇 ——吳越爭霸

> 大王，你曉得吧？就你這弱雞樣，去打吳國那不是先發制人呀，是以卵擊石啊！

結果越王句踐**慘敗**，

吳軍還反攻到越國境內，大軍把越國都城**諸暨**團團圍住。

而在諸暨城內，句踐只剩下區區**五千殘兵**，

要打也打不過，要守也守不住，

眼看是藥丸要完的節奏啊！

> 我有一種預感，句踐一定又會使出什麼奇怪的招數。

就在這危急時刻，句踐靈光一閃，又想出對付吳國的**神招數**：他讓城裡三千士兵扯開嗓門，對著城下吳軍大喊大叫，想用**音波攻擊**的方式嚇走吳軍。

> 朕就好奇，另外兩千名士兵在做什麼？在一旁加油助威嗎？

結果，夫差真被越國人的鬼哭狼嚎嚇得不輕，還好有**伍子胥**給他加油打氣，才沒有讓吳軍自亂陣腳。

句踐眼看招數不起作用，就在五千殘兵的護持下，殺出諸暨城，撤退到**會稽山**上。

蛋是

吳軍陰魂不散地跟了過來，**不僅包圍了會稽山**，還**切斷了越軍的水源**，擺明了就是要弄死越國的節奏。

好在句踐還有兩個給力手下——范蠡和文種。

范蠡提出趕緊向吳國**求和**，哪怕句踐去給夫差當奴隸，哪怕做牛做馬，只要能保住越國就行。

如果夫差腦抽筋答應求和，那越國就還有**一線生機**。

文種臨危受命,去吳軍大營求和,
一通**嘴炮**下來,說得夫差很動心,就想接受越國的求和。

然鵝

吳國的伍子胥太厲害,馬上勸住了夫差:
吳越是天生的敵國,
有吳國就沒越國,有越國就沒吳國。
現在這麼好的機會,不弄死越國,
以後後悔就來不及了!

> 都左鄰右舍的,憑什麼就這麼狠?!

文種眼直接說服夫差有難度,
就帶著**金銀財寶和美女**,轉而去賄賂吳國權臣**伯嚭**。
伯嚭拿人手短,賣力地在夫差面前為越國說好話,
說得夫差心軟,竟然放著殺父之仇不報,
真的答應了句踐的求和。

朕說歷史・春秋篇 — 吳越爭霸

> 世界上最不可饒恕的仇恨
> 奪妻之恨
> ~~殺父之仇~~
>
> 打叉叉~
> 打叉叉~

雖然暫時保住了小命，

不過句踐身為戰敗一方，必須去吳國給夫差當**馬伕**。

夫差很寬宏大量，答應給句踐**一年的時間**回去準備，

第二年必須來吳國報到。

> 拿了夫差的 offer，可以第二年才去公司報到，不得不說吳國福利真不錯。

句踐回到越國都城，哭著向全國百姓作了檢討，

總之千不該萬不該，不該自不量力地主動打吳國。

至於老百姓會不會原諒他，朕覺得吧——

> 我們敢說不原諒嗎？
>
> 越國百姓

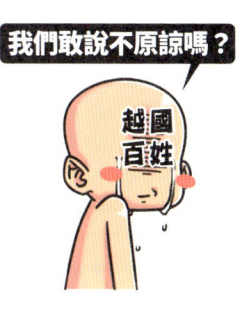

在接下來的時間裡，句踐腦袋開竅了，

變身成**明君**一隻（or 一頭？），

埋葬戰死者，救濟受傷者，給老百姓更多的**福利**。

老百姓**不喜歡的法律，他也全部廢除**。

他一下得到了全體越國人的擁護。

> 我最不喜歡我國的王位繼承法，憑什麼只有越王的兒子才能繼承王位呢？我這麼英明神武、氣宇不凡、風度翩翩、人見人愛，可是為什麼就沒有機會繼承王位呢？
>
> 越國百姓
>
> 呃……這一條法律嘛，恐怕真沒辦法廢除了。

隨後句踐做好安排，讓處事穩重的**文種留守越國**，

讓機智的**范蠡跟著他**一同趕赴吳國都城**姑蘇**報到。

雖然夫差之前饒過句踐，

朕說歷史・春秋篇 ─ 吳越爭霸

從此**句踐的小命捏在夫差手裡**，
一個不小心，搞不好就小命難保。
這一趟行程可以說非常兇險，和**走鋼絲**差不多。

句踐來到吳國面見夫差，還是老樣子，
伍子胥勸夫差動手殺句踐，
早被文種收買的伯嚭，還是一個勁兒為句踐說好話。
反正到最後，夫差沒想殺句踐，
反倒看上了句踐身邊的范蠡，覺得這傢伙是個**人才**，
想把他從句踐身邊挖過來。

夫差明確提出要讓范蠡歸順吳國，
句踐嚇得臉都綠了，以為范蠡真要**藉機跳槽**。
沒想到范蠡一口回絕：
多謝大王饒我們不死，
我希望做您的**清潔工、養馬人**，這就夠了。

蒙大王鴻恩，得君臣相保，願得入備掃除，
出給趨走，臣之願也。
——《吳越春秋》

反正就是明確告訴夫差：
我不想當你的手下，還是想跟著句踐混。

> 患難之中見真情啊！

沒辦法，夫差只好把句踐和他老婆，還有范蠡，
一同**打發**到吳王闔閭墳塚旁邊的**石洞**裡生活。
白天句踐一身**馬匹鏟屎官**打扮幫夫差養馬、除草，
句踐的老婆幫忙**掃地、撿馬糞，**
就這樣卑微地生活了**三年**。
句踐心裡想手撕了夫差，
但表面上裝得跟沒事人一樣。

夫斫剉養馬，妻給水、除糞、灑掃。三年不慍怒，面無恨色。
——《吳越春秋》

> 看到「除糞」這個詞，朕覺得句踐可能命裡帶屎，這一輩子要多次和屎打交道。

有一天夫差和伯嚭登上高台，
暗中觀察到句踐一夥人**哪怕一邊給馬鏟屎，**

朕說歷史・春秋篇　吳越爭霸

一邊還特別注重禮節，句踐和他老婆的夫妻之禮，
句踐和范蠡的君臣之禮，依然沒有**荒廢**。

按理說，夫差看了應該受到**十級驚嚇**，
覺得句踐是個**威脅**才對。

然鵝

夫差的大腦可能**有異於常人**，反倒覺得句踐人很不錯，
心裡一感動，外加身邊的伯嚭一頓說情，
就打算放句踐回國。

> 我們家大王，一定是腦子進水啦！
> （吳國百姓）

可惜很不巧，夫差生了重病，范蠡**算準**夫差死不了，
過不了多久就會好，建議句踐去探望夫差的時候，
一定要勇敢品嚐夫差的大便，
這樣就能得到夫差的絕對**信賴**。
於是，**句踐真的吃了夫差的大便！**

朕說歷史・春秋篇 ｜ 吳越爭霸

咀嚼~ 咀嚼~

順便一說，傳說句踐品嚐了大便之後，就染上了口臭的毛病。不得不說，夫差的大便真是後勁十足⋯⋯

然後**笑嘻嘻地**告訴夫差：

恭喜大王！剛才微臣透過品鑒大王的御屎，
得知大王病情已經開始好轉，很快就會好了。

夫差感動得小心肝都快化了，一開心就讓句踐搬出石洞。
　　不久，夫差疾病痊癒，看句踐的小眼神，
瞬間就從有點警惕變成毫無防備，甚至充滿慈愛，
終於不顧伍子胥的反對，真的放句踐回國了。

歷史終將證明，永遠也不要相信連你的大便都敢吃的人！

218

三年!熬了整整三年!

句踐終於重獲自由,回到了闊別已久的越國。

越國臣民早就排隊迎接,

紅旗招展、人山人海、鑼鼓喧天、鞭炮齊鳴,

(喔對不起,春秋時代還沒鞭炮)

反正很熱鬧就對了。

那麼接下來,句踐怎麼發揮**陰招之王的本色**,

消除口臭~~(喔吓吓吓)~~

洗刷恥辱呢?

第十四章 真·陰招之王

—— 越王句踐滅吳

雖然嚐糞之仇**不共戴天**，句踐立下大志要**復仇**，

蛋是

現在吳國勢力**如日中天**，

越國在吳國面前，就是**絕對的小弱雞**，

要打敗吳國，只能先想辦法讓**弱雞**越國完成**華麗蛻變**。

好在越國有句踐，

以及他的兩位天才小夥伴──

范蠡、文種。

> 越國農業並不發達，我們就用歐羅肥（註）。

註：歐羅肥，一種肥料，因為長久知名的廣告而走紅。

朕說歷史・春秋篇 ── 越王句踐滅吳

在范蠡的建議下，句踐重視**農業生產**，和老百姓一起墾荒，並使用肥料歐羅肥。受戰爭破壞的**農業逐漸恢復**，讓越國擁有了充足的**糧食保證**。

> 越國健身計畫
> 農業生產 ✓
> 人口恢復 ☐
> 練武強軍 ☐
>
> 打勾~

因為之前的大戰亂，越國損失了大量人口。

為了讓越國人多力量大，

句踐制定了對**單身狗的爸媽非常不友好**的政策：

女子十七不嫁，其父母有罪；

丈夫二十不娶，其父母有罪。

> 這政策要是延續到現在，多少單身狗的爸媽，恐怕進了牢房就出不來了。

> 朕覺得，令尊令堂可能就被直接拉出去槍斃了⋯⋯

除此之外，為了保障人口繁育，
句踐還**不准小哥哥娶老太太**，也不准**小姐姐嫁給老爺爺**。

越國老百姓要是生多了也不用怕養不起，

生兩個孩子，**國家管吃**；

生三個孩子，**國家提供奶媽**。

> 生三人，公與之母；生二人，公與之餼。
> ——《國語・越語》

再加上越國對窮人福利不錯，而且**十年不向百姓徵稅**，
老百姓負擔輕，越國人口自然就蹭蹭上漲。

朕說歷史・春秋篇 ― 越王句踐滅吳

> 越國健身計畫
> 農業生產 ✓
> 人口恢復 ✓
> 練武強軍 ☐
>
> 打勾~

接下來，句踐想要訓練強大的軍隊。

他在民間找到一位**劍術高手**，也就是大名鼎鼎的**越女**，

（史書上並沒有記載她的真實姓名）

聘任她當**越軍的劍術教官**。

順便說一句，**金庸小說《越女劍》**的主角**阿青**，

原型就是她。

越女阿青，可能是金庸筆下戰鬥力最強的人物之一，曾經一個人挑翻了一支軍隊。

可以想想，越女訓練出來的越國軍隊，
那普通士兵的戰鬥力穩穩地要逼近爆表的水準。

越國健身計畫
農業生產 ✓
人口恢復 ✓
練武強軍 ✓

打勾~

在這期間，句踐也變身成工作狂，
逼自己**堅持血汗無休地處理國政**。

▼

他不穿華麗的衣服，只吃素，不吃葷菜，還親自下地耕田。
最可怕的是，他還把苦膽掛在旁邊經常舔舔，嚐嚐苦味，

提醒自己**吃屎不忘拉屎人**，
一定要找**拉屎人**夫差報仇。

這就是**「臥薪嚐膽」**的故事。
（雖然臥薪這件事，是後人加進去的）

225

朕說歷史・春秋篇 — 越王句踐滅吳

> 請問你覺得大便和苦膽，哪一種味道比較好？
>
> 句踐
>
> 你親自試試就知道了。
>
> 句踐搞不好是在現代美食達人之前，飲食範圍最廣的男人。

傳說句踐當年品嚐過夫差的大便後，染上了**口臭**的毛病。

這些年他透過吃**魚腥草**，

治好了這尷尬的病症。

在范蠡和文種的幫助下，口臭治好了，

農業和人口恢復了，軍事也強大起來了，

句踐要報仇雪恨只差一樣東西。

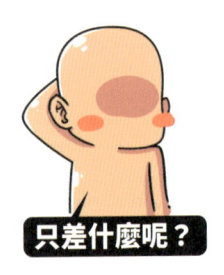

只差什麼呢？

那就是**機會**！

一個能滅掉吳國的機會。

雖然吳國看似強大無比，但別忘了，

我們的主人公夠賤句踐可是**「陰招之王」**。
就算本來沒有機會，他**用陰招也能創造機會**。

接下來，在文種的建議下，
句踐發揮陰招之王的本色，把吳國**陰了個底朝天**。

陰招① 高價購買吳國的糧食。

句踐動用高價，去**收購吳國的糧食**，
然後將糧食囤積在國內，**不吃也不用**。
你想想看，要是吳國**經濟**出了問題，
恐怕老百姓連飯都吃不到，**很多人都得餓死**。

朕說歷史・春秋篇 —— 越王句踐滅吳

夠毒！

陰招② 送美女給夫差。

其中最有名的美女，就是**西施**。

她本來只是**苧蘿村**的村花，被越國特工負責人**范蠡**發掘，帶到越國總部學習歌舞，然後被包裝訓練成**美色間諜**。

西施

范蠡

村裡有個姑娘叫西施，長得好看又善良，一雙美麗的大眼睛，辮子粗又長……

傳說在這個過程中，范蠡和西施還產生了愛情的火花。

然鵝

~~越國的規矩是嚴厲禁止辦公室戀情。~~（大誤）

為了越國的滅吳大業，范蠡和西施只能隱藏起感情，

然後西施被送到了吳王夫差的御床上。

朕說歷史・春秋篇 ── 越王句踐滅吳

美麗~
動人~

果然，吳王夫差被西施迷得**七葷八素**，開始不理朝政。

陰招③　誘使夫差亂花錢。

句踐還送給夫差各種**能工巧匠**，外加上好的**木材**，
讓吳王夫差的生活越來越**樸實無華且枯燥**[註]，
誘使他花很多錢來建宮殿，趁機大力**消耗吳國國力**。

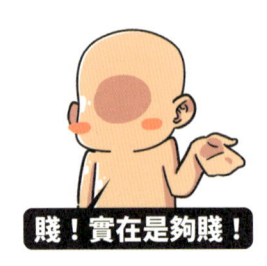

賤！實在是夠賤！

註：生活越來越樸實無華且枯燥，源自於網路上「有錢人的生活就是這樣的樸實無華且枯燥」的哏，是一種另類的炫富。

230

陰招④　鼓動夫差挑起戰爭。

文種每年持續給吳國權臣**伯嚭**送錢，

讓他**鼓動夫差對外擴張**，和北方的齊國爭霸。

雙方打得死去活來，這樣就**進一步消耗了吳國國力**。

夫差可能不懂怎麼給自己回血……

陰招⑤ 除掉吳國能臣伍子胥。

> 朕說歷史・春秋篇 ── 越王句踐滅吳

▼

文種還繼續利用**伯嚭**，
打翻夫差和能臣**伍子胥**之間本來就破爛的友誼小船，
結果**伍子胥被賜自殺**。

反正這幾個大陰招，一同招呼在吳王夫差那裡。

終於，**機會來了！**

夫差率領大軍參加**黃池之會**，想要爭當春秋霸主，
被句踐從背後突襲！

這一下吳國元氣大傷。

又過了一些年頭,句踐終於率領越軍滅掉了吳國,吳王夫差**自殺身亡**。

句踐終於報了嚐糞之仇。

唯一可惜的,就是沒讓夫差也反過來嚐嚐句踐的便便。

句踐吞併了吳國原來的地盤，勢力大大增強，後來更是登上**霸主之位**，成為春秋時代**最後一位霸主**，**「霸主的終結者」**。

蛋是

范蠡發現句踐這個人的面相是**「長頸鳥嘴」**，
只能共患難，不能同富貴，
下定決心要**功成身退**。
但句踐並不想放范蠡走，還威脅范蠡：

你要是不走，我和你一同管理朝政；
你非要走的話，信不信我弄死你！

句踐曰：「孤將與子分國而有之。不然，將加誅於子。」
——《史記‧越王句踐世家》

句踐已經賤到極致了！

但范蠡也不笨,直接回答說:

大王你按你的法令來囉,我還是按我的想法辦。

隨後范蠡收拾了家當,招呼也沒跟句踐打一聲,就辭職**泛舟太湖**去了,傳說他還帶上了大難不死的西施。

> 另一些傳說版本裡,西施的命就不太好了,她被當作亡國掃把星,給沉江弄死了。

范蠡還寫信勸**文種**:

飛鳥盡,良弓藏;狡兔死,走狗烹。

要他早點打算,也離開句踐。

文種心裡也明白,跟著句踐把越國做大,現在**不僅得不到福報,還可能隨時被幹掉,**乾脆**謊稱生病**,向句踐請了長期病假,準備考慮考慮。

> 文種的生命，開始進入倒數計時的階段……

再加上別有用心之人的挑撥，

句踐對文種起了**殺心**，終於賜了文種自盡。

據說文種自殺用的那把劍，

正是當年伍子胥自殺時用過的屬鏤劍。

忠臣自殺專用劍

朕說歷史・春秋篇 ── 越王句踐滅吳

文種死得慘，溜得早的范蠡就活得很瀟灑，
後來三次經商成為**大富豪**，又三次很瀟灑地散盡家財，
江湖人稱==「陶朱公」==，
成了後世生意人心中的**大財神**。

而越國的結局嘛……
越國從春秋時代挺入**戰國時代**，還是一大強國，
只不過又是老戲碼，後來因為陷入**內亂**，國力迅速衰落，
就被楚國吞併了。

> 所以，你現在明白，為啥項羽以及他手下的江東子弟，明明是天子管區裡的人，卻又是貨真價實的楚國人了吧？

第十五章 中國貴族精神唯一代言人

——「呆萌傻」宋襄公

齊 晉 楚 吳 越 宋 鄭 魯 秦

貴族，這個被**爛俗偶像劇男主角**用爛了的身分，

這個讓土豪羨慕得流口水的群體，

被無數民間歷史「專家」稱讚，

說他們天生自帶超級多的**正能量屬性：**

高貴、正直、仁義⋯⋯

這些屬性統稱為——

「貴族精神」。

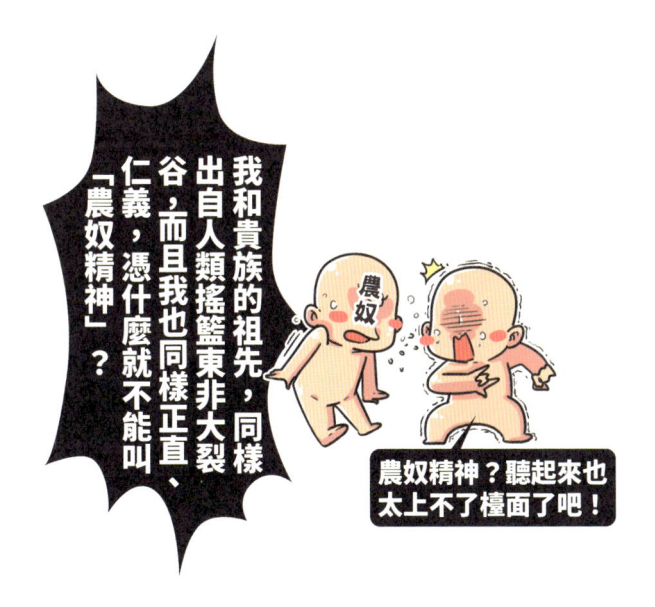

我和貴族的祖先，同樣出自人類搖籃東非大裂谷，而且我也同樣正直、仁義，憑什麼就不能叫「農奴精神」？

農奴

農奴精神？聽起來也太上不了檯面了吧！

多少**懷春中二少女**，眼饞男貴族們高貴純血的身體；

多少**吃飽了撐著**的土豪，

願意掏錢學貴族們繁瑣又無聊的禮儀，

239

> 朕說歷史・春秋篇
>
> 「呆萌傻」宋襄公

以為只要**裝**起來像貴族，那麼——

土豪就變成了**如假包換的貴族**。

> 按我們貴族的禮儀，吃大腸刺身的時候，一定要配上一份生炸大腸汁。

貴族

土豪 土豪 土豪

> 哇，不愧是大公國的貴族。連吃飯都這麼講究。

說真的，古代中國土豪要是真心想學如何成為一名貴族，完全不必浪費機票跑到國外去學。

因為在**春秋時代**，剛巧就有一位貴族精神的極致傳承人——

「春秋第一呆萌傻」<mark>宋襄公</mark>。

朕可以透過時光機把他請過來，給土豪們開個**速成培訓課程**。

要是各位土豪還在猶豫要不要報這個課程，

不急，可以先搬個小板凳坐下，

聽朕說說這位宋襄公老師的**光榮事蹟**。

朕說歷史・春秋篇 ｜「呆萌傻」宋襄公

> 然後各位土豪老爺對照看看，
> 看自己有沒有成為貴族的天分。

成為貴族的第一奧義：

血統高貴，賽過純種賽級柯基。

也就是說，要成為一名貴族，

追溯到**祖宗十八代**，最好都得是貴族。

> 第一步都這麼難啊……

我們的課程主講宋襄公老師，

他的爸爸、爺爺都是宋國國君，**穩穩地都是貴族。**

他的祖先是商紂王的哥哥**微子啟**，因為給**周武王**當帶路人，

後來被周王封到宋地，成為**宋國開國始祖**。

算下來，宋襄公擁有殷商王室血脈，血統是貴得**不要不要的**。

請問令尊是？
土豪
ZSTV
貧農。

請問令祖父是？
土豪
ZSTV
貧農。

請問另祖上是？
土豪
ZSTV
和全世界的王室貴族一樣來
自東非大裂谷。

> 那麼恭喜你！你擁有源自東非大裂谷的高貴血統！透過我們的課程，變成真正的貴族，就不在只是夢想。

朕說歷史・春秋篇 ——「呆萌傻」宋襄公

成為貴族的第二奧義：

擁有謙讓的美德，胸口佩戴著無形紅領巾。

我們的主講老師宋襄公，是他老爹正妻的長子，

按照當時的**「嫡長子繼承制」**，

他老爹一嗝屁，王位鐵定是他的。

然鵝

面對權力這種無數男人都抵擋不了的**極致誘惑**，

宋襄公貴族式的謙讓美德發作，在老爹快**嗝屁**的時候，

請求把自己的太子之位，讓給自己同父異母的哥哥**子魚**。

> 嘿,你的王座!
>
> 王座
>
> 子魚
>
> 不,是你的王座!

子魚聽說後,當場表示**拒絕**,
趕緊收拾包袱,先逃往衛國暫避風頭。
宋襄公這才沒有把位置讓出去,順利即位為**宋國 boss**。

> 我怎麼覺得這是宋襄公在試探他哥哥?
> 要是他哥哥敢同意,恐怕要當場去世。

> 噓!看破不說破!
> 噓~
> 噓~

朕說歷史・春秋篇 ──「呆萌傻」宋襄公

咳咳！

總之，如果擁有宋襄公這種**謙讓的美德**，

那就離成為一名真正的貴族又進了一步。

成為貴族的第三奧義：

信守諾言，哪怕賭上自己的小命也無所謂。

當年春秋初代的武林盟主**齊桓公**，在**葵丘**召開武林大會，

宋襄公也率團參加。

沒想到在大會上，正氣勢正盛的的齊桓公，

竟然拜託還是**二愣子**的宋襄公，

讓他將來幫忙照顧齊國**太子昭**。

宋襄公激動得小心肝噗通噗通跳，一口就答應了齊桓公。

陶醉~
陶醉~

沒辦法，誰叫俺是齊桓公的資深迷弟。

結果 N 多年後，齊桓公因寵倖奸臣慘死，
齊國爆發**內亂**，五位公子立刻上演搶寶座的戲碼。
太子昭跑路到宋國，請求宋襄公幫他奪回國君的寶座。

雖然宋國的實力不怎麼樣，

蛋是

宋襄公身為最有貴族精神的男人，
既然答應做人家的守護天屎使，
怎麼會丟下太子昭不管呢？
當即號召了幾個比宋國還弱的**鼻屎小國**，
一同派軍隊護送太子昭回齊國即位。

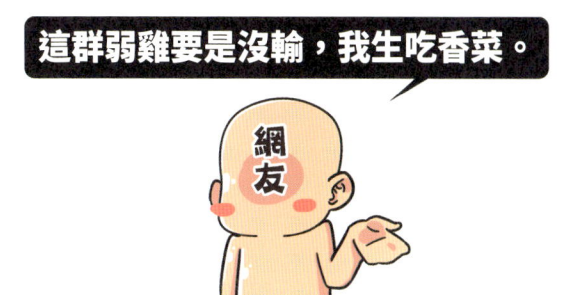

> 這群弱雞要是沒輸，我生吃香菜。
> ─網友

然鵝

> 朕說歷史・春秋篇 ―「呆萌傻」宋襄公

自古「**弱雞**」愛開掛，宋襄公帶領的「弱雞軍團」，竟然**開掛打贏了！**成功扶持太子昭當上了齊國 boss。

就算賭上自己的小命，宋襄公也要信守諾言。
如果你也有宋襄公這份人格魅力，再次恭喜你──
離成為一名合格的貴族，就又又又進了一步啦！

成為貴族的第四奧義：
**死守貴族的規矩，
就算被人罵成傻子都無所謂。**

成功扶持太子昭上位後，宋襄公信心爆棚，
想扛起齊桓公的**「仁義」**大旗，上位成為新一代武林盟主。
畢竟齊國經過前面的內亂，**國力已經 hold 不住霸權。**

然鵝

宋襄公想當武林盟主，南方的**楚國**第一個不服。
不服那怎麼辦？

於是，幫鄭國趕走宋國後，宋楚之間也打了起來，那就是泓水之戰。

按道理，宋國的兵力遠遠比不上楚國，正面迎敵鐵定被爆揍。

蛋是

一個超級好的機會，就擺在宋襄公的眼前：

宋軍已經在泓水岸邊擺好陣勢準備開幹，

而楚軍還沒有完全渡過泓水。

宋襄公的哥哥子魚，勸他趕緊對楚軍發動突襲。可是──

> 趁楚軍沒過河，突襲楚軍然後獲得勝利，當然是再容易不過的事情……

> 但是我拒絕！

> 子魚的內心，應該有一萬匹羊駝奔騰而過……

朕說歷史・春秋篇 「呆萌傻」宋襄公

宋人既成列，楚人未既濟。

司馬曰：「彼眾我寡，及其未既濟也，請擊之。」公曰：「不可。」

——《左傳》

眼巴巴看著楚軍過了河，但楚軍的**集體 pose** 還沒擺好，子魚再次勸宋襄公發動突襲，打得楚軍媽都不認識。

終於等楚軍集體 pose 擺好，一切都**準備就緒**，

兩方正面剛㊟了一波。

然後……

宋軍慘慘慘慘敗！

連宋襄公的大腿都中了一箭。

註：網路用語，在這裡表示正面對決的意思。

251

朕說歷史・春秋篇 ｜ 「呆萌傻」宋襄公

> 請問你為什麼這麼傻？

> 因為我講究仁義啊！

後世有位偉人評價宋襄公，
說他是**「蠢豬式仁義道德」**。

蛋是

當代無數民間「專家」，對宋襄公的**行為**評價超級高，
說這是中國失傳已久的貴族精神。
實際上，春秋貴族之間，
**雖然經常因為互相看不順眼而要打仗，
但打仗要講究「貴族規矩」。**

春秋貴族之間的戰爭規矩

1. 不重傷：不攻擊已經受傷的敵人。
2. 不禽二毛：不俘虜老年人。
3. 不鼓不成列：敵人沒擺好陣型，我方不能進攻。
4. ……

這到底是打仗呢，還是大型軍事運動會呢？

宋國擁有**殷商王族的高貴血脈**，

貴族們就**更講究**這套規矩了。

舉個栗子

宋國曾經發生內亂，**公子城**和**華豹**兩個貴族玩打仗。

華豹射了公子城一箭，**沒射中**，還想射第二箭。

公子城立即喊「cut」，說這不公平，明明該輪到我射你了。

> 這劇情，編劇都不敢這麼寫吧！

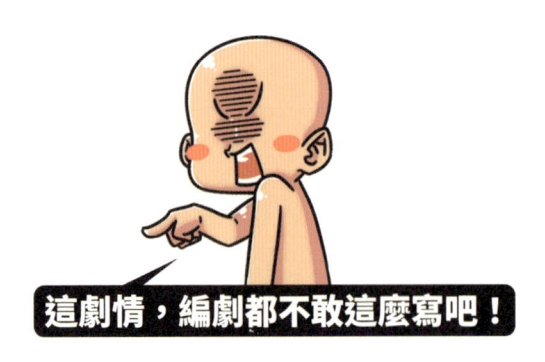

更離奇的是，華豹竟然**同意了**，放下弓等公子城射他。

然後華豹就——

被！射！死！了！

> 在春秋時代，原來打仗真的就是回合制遊戲。

所以不難理解，哪怕宋襄公因為箭傷感染**嗝屁**，哪怕從此宋國淪為**真・二流國家**，以致最終被**齊國**吞併，宋襄公豁出老命，也要嚴格遵守貴族的打仗規矩。

他真不愧為

中國呆萌傻精神

中國貴族精神的唯一 帶鹽 **代言人。**

宋襄公老師的事蹟，感不感人？
土豪
感人。

他的貴族精神，值不值得學習？
土豪
值得。

那你還不趕快報名？
土豪
好得好的，我馬上報名。

朕說歷史・春秋篇 ——「呆萌傻」宋襄公

可是黃桑，史書上明明紀載宋襄公各種蹂躪周邊小國，不僅強抓了騰國國軍，還把鄫國國君殺了去祭神，這也算仁義？這也叫貴族精神？

喂喂喂，你可別拆朕的台啊！

宋（襄）公使邾文公用鄫子于次睢之社，欲以屬東夷。

——《左傳》

臉好疼……

「民間歷史專家」

這次省下一大筆智商稅，還是下次遇到更高明的騙子，再拿出來交吧！
土豪
偷偷開溜~
喂喂喂，土豪別跑啊！立即報名參加課程，還可以給你來個五折優惠喔！

都怪你！搞砸了朕的生意！
我說錯什麼了嗎？
??

第十六章 春秋最強心機 boy

——「春秋小霸」的崛起與衰落

齊 晉 楚 吳 越 宋 **鄭** 魯 秦

春秋戰國大亂世，

就是一個**陰人狠人**年年有，**心機 boy** 遍地走的時代。

要說當中最心機的 boy，當屬**「春秋小霸」**──

鄭莊公。

> 心機的機，小霸的霸，簡稱……

作為**史上最強心機 boy**，鄭莊公一路風騷操作，

帶領鄭國當上春秋初年的老大。

後來登場的「春秋五霸」，都得喊鄭莊公一聲**爸爸**。

朕說歷史・春秋篇 ——「春秋小霸」的崛起與衰落

> 我們叫你一聲爸爸，你敢回應嗎？

越王句踐
吳王夫差
楚莊王
齊桓公
晉文公

春秋五霸

> 我敢。

鄭莊公

> 畢竟當春秋霸主這種劇情，那都是鄭莊公玩剩下的。

那麼問題來了——鄭莊公的心機到底有多深呢？

> 就讓朕來講講，心機 boy
> 鄭莊公的霸主上位史。

鄭莊公是**鄭國 boss 三代目**，

有個非主流名字，叫**「寤生」**。

他**逆練**投胎術，出生的時候腳先冒出來，

害得他母上**武姜**難產，所以母上給他取了這個名字。

另一說法是鄭莊公在武姜睡夢中出生。

> 喂喂喂，百分之百皇家血統嬰兒，
> 通話儲值免費送，你要不要？

所以武姜超級**嫌棄**鄭莊公，把氾濫的母愛都給了弟弟**共叔段**。

這讓鄭莊公的童年，一直處於母愛缺失狀態。

> 媽咪,哥哥剛才被我打!

> 竟然連你弟弟都打不過,沒出息!看老娘怎麼收拾你!

鄭莊公老爹快**領便當**時,武姜還計畫讓共叔段當太子。

還好他老爹智商線上,沒有同意,

鄭莊公的位子才沒被搓掉。

> 哇！這鄭莊公是她媽親生的嗎？

對於**偏心**的老媽，還有這麼個**搞事**的弟弟，鄭莊公恨得牙癢癢，恨不得立即抽出**四十公尺大刀**，幹掉他們。

然鵝

真要敢這麼幹，

鄭莊公立馬會被人噴死。

畢竟在看熱鬧的群眾看來，共叔段也沒有做得太過分，你鄭莊公就手撕了弟弟，這就是**暴君石錘無疑**了。

> 那鄭莊公該怎麼對付老媽和弟弟呢？
>
> 一個字，慣！

鄭莊公不愧為史上最強心機 boy，弟弟罪不至死，那就**慢慢慣著他**，讓他在找死之路上一路狂奔。

鄭莊公暗中布置好四十公尺大刀，等弟弟突破找死底線，
再立馬手起刀落，**名正言順地**除掉弟弟這個禍患。

> 厲害了！

所以偏心老媽替弟弟索要**封地**，
阿莊哥哥答應了，同意把一座**大城京邑**封給老弟。
手下謀臣都勸他謹慎點，阿莊哥哥表示──

> 沒辦法，我媽逼的。

攤手~
攤手~

京邑城池又大又舒服，共叔段往這塊地上一趴，
心裡沒滋長點**邪念，**都對不起這塊風水寶地。
謀臣沒看出鄭莊公的小心機，還勸他早點**喊 cut，**
別讓弟弟野心膨脹到原地爆炸。

然鵝

鄭莊公卻說：

多行不義必自斃，姑且等著瞧吧！

> 順道一提，「多行不義必自斃」這句成語，就是從這裡來的。

接著，共叔段**吞併**了鄭國邊境領土，而且胃口越來越**大**，

根本控制不住自己。

但鄭莊公藏好四十公尺大刀，還是**連屁也不放一個**。

> 就等你原地爆炸。

共叔段　打氣

終於，共叔段找死到讓老媽作**內鬼**，

準備殺進都城大幹一場。

可惜所有不可描述的**交易**早就在鄭莊公的掌握中，

他果斷抽出饑渴難耐的四十公尺大刀，

以**迅雷不及掩耳之勢**，清除弟弟所有的勢力。

> 大家剛才看見了，這是他自己爆炸的，不關我的事哈！

共叔段的**封地被收回**，他逃亡後，在國外領了便當。

偏心老媽武姜被鄭莊公軟禁起來，鄭莊公還發誓說：

==不到黃泉，永不相見。==

蛋是

鄭莊公很快就**後悔**了。

267

> 媽媽走的第一天，想她想她想她……

不過也有可能是，鄭莊公意識到：

軟禁老媽這種事**太超前、太過火**，

春秋初年的老百姓接受不了，搞不好會動搖自己的統治。

所以心機 boy 又心機了一把，想找個台階下。

> 媽媽走的第 365 天，告訴大家，我特地廣播她想她，想她想她……
> 想她 想她想她 想她

身為鄭國最大的 boss，**屁股一撅，就有人知道他想拉屎**。

很快就有小弟貢獻了個劇本，

說挖個能滲出地下水的地道，然後母子**在地道碰面，**

這不就不違背誓言了嗎？

268

> 地下水是黃泉，沒毛病。

鄭莊公按劇本**做足全套**，母子倆都戲精附體，

發揮**奧斯卡影帝影后**級別的演技，

立馬來了個**感天動地的大團圓**。

考叔曰：「穿地至黃泉，則相見矣。」於是遂從之，見母。
　　　　——《史記·鄭世家》

> 雖然他們心裡可能還在互相對罵⋯⋯

心機 boy 搞定了國內，下一步，

就要讓其他諸侯國也嚐嚐他心機的滋味。

首先，鄭莊公利用自己**周王 CEO** 的身分，
藉口宋國不服周桓王，各種蹂躪爆揍**宋國**，
有時候蹂躪目標還帶上隔壁的**衛國**。

> 這一招不就是俺的「挾天子以令諸侯」嗎？

> 沒錯！對了，請你先把版權費交一下。

曹操

然鵝

當周桓王覺得鄭莊公太狂妄，
怕 **hold 不住**他，想把他 CEO 的權力**分出去一半時**，
鄭莊公瞬間向周桓王露出了獠牙，
逼得周桓王**送王子當人質**，還搶割周桓王田裡的麥子。
最最最過分的是，鄭莊公還和周桓王**打了一架**，
手下一箭射中周桓王的肩頭。

莊公與祭仲、高渠彌發兵自救，王師大敗。祝聃射中王臂。

——《史記·鄭世家》

> 我一直以為,我從全世界路過,全世界都得聽我的……
>
> 周桓王
>
> 直到我的肩頭中了一箭……

手下請求鄭莊公痛打落水狗,追捅周桓王。

蛋是

鄭莊公不想把事情做絕,把周天子逼成宿敵,

便立馬心機變笑臉,

不僅沒追捅周桓王,還派人去慰問周桓王的傷情。

> 喂……
>
> 鄭莊公部下
>
> 天子你還沒死啊?哎呀呀,那就好,那就好。

朕說歷史・春秋篇 ──「春秋小霸」的崛起與衰落

> 一方面用周桓王的名義去蹂躪周邊弱雞小國，另一方面又和周桓王爭而不破，這個鄭莊公，心機簡直 666……

總之，鄭莊公耍心機很爽，一直心機一直爽，終於混成了**「春秋小霸王」**。

> 小霸王，其樂無窮啊。

蛋是

心機了一輩子的鄭莊公，

卻沒有料到自己幾個兒子都**不爭氣**，

被心機權臣**祭仲**玩於鼓掌之上，一個個排隊被廢立。

鄭國被搞得亂成一鍋粥，國力瞬間雪崩，

從此淪為**二流小國**。

到戰國時代，鄭國又被「戰國七雄」裡最弱的**韓國**一口吞掉。

第十七章

工作絕緣體，在副業上取得的成就卻無人能比

——孔子

齊 晉 楚 吳 越 宋 鄭 **魯** 秦

這一次朕要說的這個歷史人物,

無論是**中國人**還是**外國人**,肯定都聽說過。

他就是——**孔夫子**。

閃亮~ 閃亮~ 閃亮~ 閃亮~

有位叫麥克・哈特的外國學者,整理出一份「影響人類歷史進程的一百名人排行榜」,其中孔夫子名列第五。這也是中國人當中排名最高的。

別看後世尊稱孔子為聖人,

孔子這一生還是挺坎坷的。

孔子年輕的時候,只能在魯國當個小官,

而且薪水還賊低,有點滿足不了孔子結婚生子後的開支。

朕說歷史・春秋篇　孔子

年度開支計畫
1. 在都城買套房（附馬車停車位）
2. 買一輛品質好的馬車
3. 老婆要的名牌包、香水
4. 孩子上魯國名師的補習班
5. 孩子要學樂器
6. ……

孔子被逼得沒辦法，只好業餘時間搞兼職，
賺點**外快**以補貼家用。
貴族婚喪嫁娶那些複雜的**禮儀**，孔子能背得滾瓜爛熟，
所以第一份兼職工作，
就是貴族家辦紅白喜事時，他去當**司儀**。

276

後來，孔子書讀得更多了，學問更大了，

乾脆自己創業，開起了**民營學校**。

不管什麼身分的學生，

只要給一條**臘肉乾**當學費，就能跟著孔子學知識。

這一辦，卻辦出了成績。

後來，孔夫子被認為是**「偉大的教育家」**，

也是中國歷史上**第一個從事民辦教育的人**。

他培養了**三千**弟子，其中有**七十二**個非常優秀的學生，

例如：子路、顏回等人，

更是被後世稱為「孔門七十二賢」。

> 反正孔夫子以後肯定不缺臘肉吃了。

其實孔子心中一直有一個**偉大的夢想**，

那就是**恢復西周時期的社會秩序**。

那時候天子、諸侯、大夫**等級分明**，

下一級服從上一級的權威，

各國諸侯好好服從天子，大夫好好服從諸侯。

可惜歷史進入到**春秋時代**，

天子開始鎮不住場子，各諸侯國之間打得**頭破血流**。

各諸侯國內部，國君也開始鎮不住場子，

父子兄弟間為奪權**殺來殺去**；

有勢力的大夫家族也鬧得厲害，

不僅**控制國君**，甚至還**流放國君**、**殺害國君**。

這種現象就是──

君不君，臣不臣，父不父，子不子。

用人話來說，就是亂了套了。

孔子心中的理想社會則是──

君君臣臣、父父子子。

君主像君主的樣子，臣子像臣子的樣子，

大家**各安其位**，不同社會等級都安於自己的等級身分，

所有人開開心心，別想太多，

天下就沒有那麼多的戰爭、叛亂、陰謀，

世界將變成美好的人間。

那普通老百姓呢？

當然是安於自己的被統治地位，好好服從統治者呀！

可是黃桑，如果統治者為所欲為呢？

朕說歷史・春秋篇｜孔子

這一點嘛，孔夫子當然也是考慮到了。

雖然他認可**社會等級制度**，承認人應該有**貴賤尊卑**的差別。

蛋是

他也**並不希望**看到統治者為所欲為、蹂躪百姓。

所以孔子提倡——「仁」。

這也是孔子的核心思想。

▼

所謂「仁」，就是「仁者愛人」，

「己所不欲，勿施於人」。

也就是說——

> 我不想吃屎,所以我不應該讓別人吃屎。

恍然大悟

貴族

> 這理解力,不錯!

如果統治者、貴族很「**仁**」,吃相不那麼難看,
老百姓的日子還是**過得下去的**。

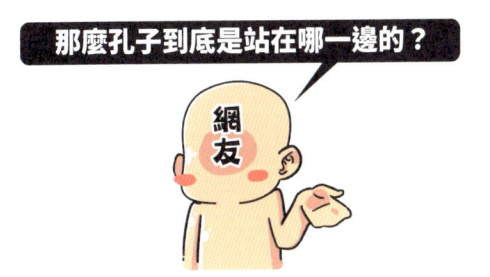

> 那麼孔子到底是站在哪一邊的?

網友

說真的,
你不能強求**兩千五百年**前的孔子也提倡人人平等,
他一定有他的**時代侷限**。

但孔子這套「仁」的理念，

已經有相當程度的 **人本主義** 色彩，

在那個時代已經**非常進步了**。

所以孔子的偉大，無庸置疑。

在魯國國內，孔子的偉大夢想沒辦法實現，

他覺得待著**沒意思**，

只好率領眾多弟子，開始了**周遊列國的漫漫旅途**。

孔子想在外國溜達溜達，

看看有沒有機會能獲得重用，實現自己的**夢想**。

換句話說——

俺要 job！

然鵝

生活，並沒有對孔子更溫柔一點。
孔子這趟出境遊，**經歷了不少磨難**，
痛苦程度直逼**唐僧取西經**。

> 讓你繼續嚐嚐生活之毒打。

生活

> 啊，還來！

▼

首先，孔子去了**衛國**。
不過衛國**政局亂糟糟**的，孔子並不想多待，
很快就啟程往**陳國**跑，
結果在途徑一個叫**匡城**的地方時，
就遇上西天取經
（哦，不）
遭遇了周遊列國的第一難。

朕說歷史・春秋篇 孔子

> 師父！小心妖怪，待在圈圈裡不要亂走動，俺老孫化緣去也！

> 悟空，你是不是跑錯棚啦？

當時，孔子一行人經過匡城城牆下，

孔子的弟子**顏刻**指著城牆說：

看那城牆的缺口，當年我就是從這兒進城的。

沒想到匡城百姓聽到這話，個個**怒氣衝天**，

把孔子**強行扣押**了下來。

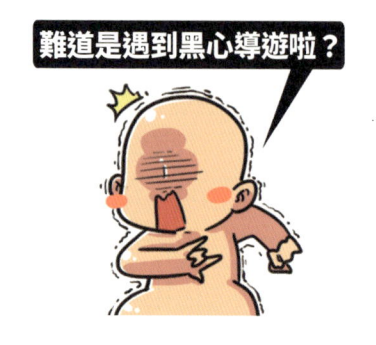

> 難道是遇到黑心導遊啦？

原來當年陽虎當魯國喬事人的時候，
曾經率魯軍**蹂躪**過匡城，顏刻曾是魯軍的一員。
所以匡城百姓**恨不得手撕**陽虎。
而剛巧孔子長得就像是陽虎的**複製人**，
匡城百姓就把倒楣的孔子當成陽虎，
把孔子一夥人**強行扣留了五天**。

> 有人模仿我的臉，有人模仿我的面。

> 俺現在整個容，來不來得及？

遇到這麼一群氣勢洶洶、喊打喊殺的百姓，
孔子師徒一度失散。
尤其是孔子喜歡的弟子**顏回**，
孔子很長時間沒看到他人影，還以為他死了，著急得不得了。

好不容易從匡城**脫困**，孔夫子又返回衛國。
而這一趟回衛國可不得了，
硬生生給孔夫子整出一段**流傳兩千五百年的緋聞**。

> 朕說歷史・春秋篇 ｜ 孔子

> 請問你和南子小姐究竟是怎麼回事呢？
>
> 對不起，無可奉告！

衛靈公的夫人**南子**，生性風流，

竟然想**單獨**和孔夫子見見面。

孔子拒絕不了，就去了。

結果這事之後，

關於南子和孔子的*風言風語*，就多了起來，

連學生**子路**也**埋怨**老師為啥要去見這麼一個女人，

弄得孔子急了眼，**賭咒發誓**說：

俺要是幹了什麼不好的事，老天都不會放過俺！

子路不說。孔子矢之曰：「予所不者，天厭之！天厭之！」

——《史記・孔子世家》

南子

雖然俺表面上來見你，但俺的內心是拒絕的。

緋聞越傳越**邪乎**，這破衛國孔子真不想待了，於是他帶著弟子們，又開始了周遊列國的旅途。

然鵝

在接下來的旅途中，孔子遇到了更多的**劫難**。

▼

他來到**宋國**，
宋國的司馬**桓魋**放出話來要**弄死**孔子。
他來到**鄭國**，和弟子**走散了**。
弟子們到處打聽孔子的下落。一個鄭國人說：
有一個人像條「喪家狗」一樣，正獨自站在外城的東門。

> 順便說一句,「喪家狗」這個對孔子的描述,孔子本人也是笑著認可的。
>
> 孔夫子還挺會自嘲的。

弟子們跑去一看,還真是**孔子本尊**。

他來到**陳國**,剛好陳國又不太平,

晉國、楚國、吳國輪番**爆揍**陳國,在陳國待久了也**危險**。

孔子*兜兜轉轉*,

想返回**衛國**,

結果半路上遇見衛國大臣**叛亂**,

孔子又被**扣留**在當地好些天。

> 孔夫子這是擁有易被扣留體質嗎?

好不容易**又再次**回到衛國,孔子指望衛靈公能重用他。

不過衛靈公**急需**的可能是**軍事人才。**

他曾經問孔子用兵的陣法，孔子卻說：

擺弄禮器的事俺懂，軍隊作戰的事俺也沒學過。

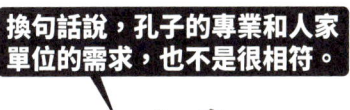

> 換句話說，孔子的專業和人家單位的需求，也不是很相符。

反正最終孔子依然沒得到重用，只好灰頭土臉地離開衛國。

後來孔子來到<mark>蔡國</mark>，終於有個絕好的機會擺在他面前——

南方超級大國的老大<mark>楚昭王</mark>，

很有誠意地邀請孔子到楚國做客。

孔子在列國間奔波了這麼久，

還是第一次有國君邀請他。

> 俺的影響力真心不是蓋的。

影響力 Max

朕說歷史・春秋篇 — 孔子

然鵝

蔡國跟著**吳國**混，跟楚國人不大對盤，
根本不願意看到孔子去楚國。
孔子剛走到半路上，蔡國人就**殺了過來**，
把孔子包圍起來，想逼他**返回蔡國**。

> 你想威脅我，我不怕！

孔子**倔脾氣**一上來，堅決**不肯**回蔡國，
蔡國人又沒賊膽直接幹掉孔子，所以雙方就這麼**僵持著**。
孔子等人一連受困好些天，糧食都吃光了，
又沒法上網叫外賣，一群弟子都餓得起不了身。

孔老夫子倒是很**淡定**。

蛋是

他自己也沒轍。

多虧了他的弟子**子貢**跑出去向楚王請救兵，
才幫助孔子和弟子們**脫困**。

> 真是傷腦筋呢，誰叫我這麼優秀呢！
> —子貢

到了**楚國**，
楚昭王**超欣賞**孔子，準備送孔子一個超值大禮包，
直接把**七百里**土地封給孔子，讓孔子在楚國開個**分公司**。

蛋是

楚國丞相**暗地裡**提醒楚昭王——
你手下有像子貢這樣的外交人才嗎？有像顏回這樣的政務人才嗎？
有像子路這樣的將帥之才嗎？

答案很顯然——**沒有**。

朕說歷史・春秋篇

所以很明顯地，
如果給了孔子封地，而孔子學生中又有這麼多能人，
恐怕孔子等人會成為楚國的**禍害**。

子路　顏回

真是傷腦筋呢，誰叫我們都這麼優秀呢！

於是，楚昭王的想法被徹底打消，
所以孔子在楚國也沒能得到重用。

反正在外國晃蕩了十四年，
孔子就沒找到一份像樣的工作，當了十四年的**無業遊民**。
終於在年近七十的時候，孔子回了故鄉魯國，
不過依然沒有受到重用。

俺太衰了！

孔子這時候年歲也大了，徹底**斷絕**了當官的念頭，

專注於**儒家經典文本**，也就是──

《詩》、《書》、《禮》、《樂》、《易》、《春秋》

這**「六經」**的修訂，

給華人古典文化的寶庫留下了一筆**豐厚的遺產**。

幸好孔子找工作失敗……

不過話說回來，雖然孔子職場不順，

但孔子培養的很多弟子都還混得可以。

▼

例如：**子貢**，

不僅當過魯國、魏國的相國，而且善於經商，超級有錢，

有空的時候，還幫魯國搞搞外交，**化解危機**。

例如：**子路**，

在衛國混成大貴族**孔悝**的家族企業 CEO。

又例如：**冉有**，

在季孫集團混得不錯，

他率領軍隊跟強國**齊國**硬碰硬，關鍵是還打贏了。

> 反正孔子教出七十二個厲害的學生，各個都是了不起的人才。

但……

晚年的孔子有點悲涼。

▼

他的獨生子**孔鯉**先於他去世。

沒多久，他**最喜歡**的學生之一**顏回**，也先於他而死。

一大把年紀的孔子哭得稀哩嘩啦，邊哭邊叫：

這是老天要我的命啊！

而另一個他偏愛的學生**子路**，在衛國遭遇*變亂*。

敵人砍斷了子路冠帽上的帶子。

沒想到子路遵照**儒家的禮儀**——君子到死不解冠，

很神奇地停手不打，先動手**繫帶子**。

結果敵人沒見過這架勢，**毫不留情**就砍翻子路。

子路……

卒。

朕說歷史・春秋篇 ── 孔子

到七十三歲這一年，等**愛子愛徒**都死了以後，
孔子終於走完
他這哭過笑過、成功過失敗過，
同時晚年不大順當的一生。
雖然他個人的那些**偉大夢想**並沒有實現，

蛋是

好在他起初業餘時間搞的副業──收學生教書，
在不知不覺中，給他的人生開闢了**另一條道路**。
他教出的學生，不僅成績斐然，還收了更多的弟子，
把儒學進一步發揚光大。

真心沒想到。

在春秋晚期，那個禮崩樂壞成**渣渣**的時代，

各國掌權的**貴族凌駕於國君**之上，

肯定不大愛聽孔子的那套理念。

直到後來中國完成大一統了，貴為天子的皇帝發現——

孔子的理念，對於**維護自己的統治，**

維護整個帝國秩序，有很大的好處。

於是乎，孔子一步步被拉上**神壇**也就不奇怪了。

不可否認的是，

孔子的理念，有**超脫**於他所處時代的地方。

==他對中國文化的影響尤其巨大。==

==這些都是孔子了不起的地方。==

第十八章 終結者的前身竟然是「原諒帝」

——秦穆公霸西戎

齊 晉 楚 吳 越 宋 鄭 魯 **秦**

這一回，我們進入到**春秋系列的最終篇**——

「秦國篇」。

> 當了那麼久大反派，終於到我當主角了。想想還有點小激動呢。

秦人始祖名叫**非子**，

大概非常精通母馬配種學，以及母馬的產後護理學，

給周王養馬一年，馬匹數量**增長了一倍**。

周王一高興，大手一揮，把**秦邑**賜封給了非子。

（那地在今天的甘肅）

非子因此成為**秦國開國國君**。

> 知識改變命運。

非子

299

朕說歷史・春秋篇 ── 秦穆公霸西戎

西周末年，犬戎攻破西周都城**鎬京**，幹掉了**周幽王**，
秦國國君秦襄公護駕有功，護送即位的**周平王**東遷洛邑。
反正周平王的老巢**關中一帶**已經被犬戎人占了，
周平王就給秦國開了個**空頭支票**，
把關中岐山以西的土地都封給秦國，
說只要秦國趕走犬戎，那地都歸你。
這類似於──

> 朕要把最喜歡的零食、玩具都送給你。
>
> 哇！！

> 不過朕的零食、玩具都被母后沒收了，你要是能拿回來，就歸你⋯⋯
>
> 呃⋯⋯

然鵝

秦國人**非常給力**，經過一代又一代的努力，
硬把關中平原這塊**大肥肉**，差不多一口口地給**啃了下來**。

到了**秦穆公**即位的時期，

秦國已經成長為西方的小強，準備東出玩**春秋爭霸**。

不過那時候的秦國，

和戰國時代的畫風**完全不一樣！！**

戰國時代的秦國是這樣的──

而在秦穆公那個年代的秦國嘛，卻是這樣的——

> 朕說歷史・春秋篇 —— 秦穆公霸西戎

秦穆公

害怕~
害怕~

雖然他踩到了我的腳趾，但錯的明明是地心引力！我當然是選擇原諒啦！

沒錯！秦穆公這個人，還真是春秋時代的**「原諒帝」**。
他沒有那麼野蠻兇暴，反而生得了**一副好脾氣**。

這……這不是我認識的秦國……

晉獻公把女兒嫁給秦穆公，
把晉國抓來的戰俘**百里奚**，當作陪嫁奴隸送給了秦穆公。
沒想到**七十多歲**的百里奚**人老腿腳不老，**
立馬搞出一段蕩氣迴腸的**史詩級大逃亡，**

好不容易逃到楚國，結果又被楚國人**抓住**，

> 然後繼續在楚國當奴隸……
>
> 搞半天白忙了一場。

秦穆公花了**五張黑羊皮**，從楚國人那裡**贖回**百里奚。

按理說，這種敢逃跑的奴隸，

被抓回來後應該是**老虎凳、辣椒水伺候**，

再不濟也得**打斷腿處罰**一下吧？

然鵝

> 原諒 × 1
>
> 我當然是選擇原諒啦！

朕說歷史・春秋篇 —— 秦穆公霸西戎

秦穆公不僅**沒有處罰**百里奚，還立刻**釋放並重用**了他。

後來，百里奚**當奶媽**，奶出了 秦國的春秋霸業 。

這一波「原諒」的**厲害操作**，反正不虧。

好厲害！

還有一回，秦穆公的駿馬丟了。秦國 FBI **光速破案**，原來駿馬被**岐山三百個農民**捉住，當野味燉著**吃掉了**。

按理說，這種冒犯國君的大罪，怎麼說都該**嚴懲**吧？

然鵝

原諒×2
我當然是選擇原諒啦！

秦穆公不僅不追究農民的**罪責**，
還覺得吃駿馬的肉得配美酒才行，

304

趕緊讓手下免費**派送酒水飲料**，讓三百個農民享受大餐。三百個農民哪裡見過這種架勢，應該當場**感動得淚眼汪汪的**，打定主意，這輩子都要做秦穆公霸業夢想的**守護天屎使**。

> 我沒有夢想，但我可以守護你的夢想。

感動~
感動~

後來晉國發生了**大動亂**，晉獻公一嗝屁，晉獻公的小老婆**驪姬**，就想扶持自己生的孩子上位，引發了晉國鐵王座大作戰，**晉國亂成了一鍋粥**。
朕之前可是講過的。

翻到第69頁瞭解**晉國輪椅子大賽**

廣東醫生

訂閱一下

305

晉獻公的其中一個兒子**夷吾**，跑來求姐夫秦穆公幫忙。

秦穆公二話不說，**派軍隊護送夷吾回晉國即位。**

雖然夷吾承諾說只要搶到晉國鐵王座，

就把**黃河以西的八座城池**送給秦國，

但真等夷吾上位為晉惠公，然後──

嗯……就沒有然後了。

按理說，小舅子晉惠公這麼**不知羞恥地耍賴，**

秦穆公要是能逮到機會，一定要**好好收拾一下**他吧？

沒多久，晉國發生大旱，

晉惠公竟然又**死皮賴臉地**找秦國**借糧**。

有人提建議說，不僅不要借糧，還要趁機會**出兵爆揍**晉國。

然鵝

原諒×3

我當然是選擇原諒啦！

於是秦國下決心援助晉國**抗災**，給了晉國大量的糧食。

不過嘛，對於晉國這種霸道不講理的國家，

好心只能說是餵了狗了。

等過了些年，秦國鬧旱災，不得不**向晉國救助**的時候，

晉國不僅不打算救援，**反而派大軍殺向了秦國。**

> 朕說歷史・春秋篇　秦穆公霸西戎

> 我打你應該，不打你悲哀！
>
> 沒見過這麼不要臉的……

秦晉雙方**大戰一場**，結果秦穆公被晉軍團團包圍，被打成**殘血**，就等著晉軍上來補刀。

就在這**關鍵時刻**，當年被秦穆公原諒的三百農民，化身東方版**「斯巴達三百勇士」**，及時趕來救援。

> THIS IS 秦巴達！
>
> 岐山農民

在這群「秦巴達」的火力支援下，秦穆公**反敗為勝**，成功俘虜了倒楣的晉惠公。

晉惠公這種**背信棄義**的小人，就算拖出去祭天都算便宜了他。

然鵝

拗不住秦穆公的老婆親自下場，為倒楣弟弟**求饒**，

所以呢……

> 喂喂喂，又要來了嗎？

………

嗯，沒錯──

> 我當然是選擇原諒啦！
> 原諒×4

所以，晉惠公被放回了晉國。
當然這一回他**學乖了**，欠下的人情債，他乖乖肉償了，
把河西之地這塊**大肥肉**，打包**送給了秦國**，
還把自己的兒子**太子圉**送到秦國**當人質**。

不過太子圉在秦國也沒被虐待，秦國**好吃好喝地供著他**，還把秦國**宗室之女**壞淫（口誤）懷嬴，嫁給了太子圉。

> 這名字無力吐槽。

> 順道一提，懷嬴的老公太子圉，後來成為晉懷公，而她出自秦國公室，姓嬴，所以被稱為懷嬴。

過了幾年，晉惠公得了重病，眼看著要掛了。

太子圉怕晉國**鐵王座保不住**，

連招呼都不跟秦穆公打一聲，就**偷偷**溜回了晉國。

後來等晉惠公一噶屁，太子圉即位，**是為**晉懷公。

> 想來就來，想走就走，把我們秦國當廁所了嗎？

而這一回，就算是身為原諒帝的秦穆公，

也不能忍了。

他決定幹掉晉懷公，然後**扶持別人登上晉國寶座**。

他左挑右選，選中一位晉國公子。

這位公子**骨骼精奇、雙目重瞳**，簡直渾身上下都是畸點，

一看就是要成大器的材料。

這位公子就是──<mark>晉文公重耳</mark>。

那時候，晉文公還在楚國**流亡**。

秦穆公把他接到秦國，各種好吃好喝地優待，

還把晉懷公遺棄在秦國的老婆懷嬴，**重新嫁給了晉文公**。

雖說按照輩分來講，懷嬴本來是晉文公的**侄媳**，

這關係整得有點亂。

總之，在秦穆公的**全力支持下**，

晉文公殺回晉國，**成功上位**。

然後晉國一躍成為**頭等超級大國**，

朕說歷史・春秋篇 ── 秦穆公霸西戎

晉文公也成為**春秋霸主二代目**。

晉文公在位期間，秦國和晉國的**關係相當好**。

晉文公在的時候，秦穆公**不敢搞事情**。

蛋是

等晉文公一嗝屁，秦穆公的野心開始**爆炸**，

他準備**取代**晉文公成為春秋霸主，便派出**三名大將東征**，

向東偷襲鄭國未遂，就順手去晉國邊邑**搶了一把**，

結果在得勝回國的路上，被晉國打了個伏擊，

秦軍全軍覆沒！！

這就是歷史上著名的──**崤之戰**。

三名將軍被晉國活捉後，又被**送回秦國**。

按理說，這種敗軍之將，

被拖出來祭天以平息國內老百姓的怒火，

應該是國君的**常規操作**。

> 你能不能有點新鮮台詞？

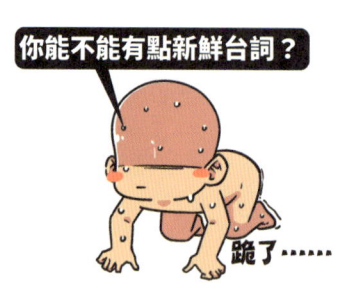

跪了……

三名大將不僅沒受到處罰，反而得到了**更多優待**，心裡對秦穆公別說有多感激了。

終於在 N 多年後的一次和晉國的大戰中，**三位大將超常發揮，打了一場漂亮仗**，報了崤之戰慘敗的大仇。

> 秦穆公這波原諒的操作，朕要給滿分！

不過秦穆公終究還是**明白人**，知道國力比不過晉國。

柿子要撿軟的捏，他對付不了晉國，但是對付西邊那些戎狄小國，還是**綽綽有餘**的。

很快地，他滅掉了**十二個**戎狄小國，開拓了一大片疆土。

所以史書上說「**穆公霸西戎**」。

**在一些版本裡，秦穆公也是春秋五霸之一。
雖然在朕看來，他完成的只是地區性霸業。**

總結一下秦穆公的霸業祕訣，其實就兩個字——

原諒。

原諒了**逃亡的奴隸**，他得到了一個賢明的大臣百里奚；

原諒了**偷吃駿馬的農民**，他得到了秦巴達三百勇士；

原諒了**三個戰敗的將軍**，他得到了一場找回尊嚴的勝利。

當然這招也**不是萬能**的，要使用還得看情況。

原諒×6

我當然是選擇原諒啦！

朕說歷史・春秋篇 ── 秦穆公霸西戎

例如，如果男／女友多次劈腿，看架勢根本**拉不住**，你也選擇原諒的話，

我當然是選擇原諒啦！

你只能悲慘地收穫一頂又一頂的綠帽。

說真的，很多祕訣說起來簡單，但我知道你們就是學不來。

天哪，你終於換台詞了……

我這輩子……值了……

春秋大事紀年表

- 公元前 770 年，周平王遷都洛邑，春秋時期開始。
- 公元前 685 年，齊桓公即位，任管仲為相。
- 公元前 679 年，齊桓公稱霸。
- 公元前 638 年，宋、楚泓水之戰，宋襄公敗。
- 公元前 632 年，晉、楚城濮之戰，楚軍大敗，晉文公稱霸。
- 公元前 627 年，秦晉崤之戰，晉國大勝。
- 公元前 623 年，秦穆公稱霸西戎。
- 公元前 613 年，楚莊王即位。
- 公元前 597 年，晉楚邲之戰，晉軍大敗，楚莊王稱霸。
- 公元前 551 年，孔子出生。
- 公元前 506 年，吳王闔閭伐楚，大敗楚國，伍子胥鞭屍楚平王。
- 公元前 496 年，越王句踐大敗吳軍，吳王闔閭因傷勢過重而死，吳王夫差即位。
- 公元前 494 年，吳王夫差大敗越國，越王句踐投降，成為吳王奴僕。
- 公元前 482 年，越王句踐攻陷吳都，俘虜吳太子。
- 公元前 481 年，齊國大權落入田氏手中。

感謝所有為本書奮鬥的朋友，朕將為此書出版嘔心瀝血的諸位好友的芳名刊印於此，以期永存。

功績不問高低，以下排序不分先後：
黃澤濤　劉開舉　肖　航　陳震毅
江宗燁　陳麗亞　曾黛琪　馬曉丹
沈雪瑩　楊慧慧　曾凱麟　陳曉笙
商若梅　侯　健　湯煥駒

其中，特別感謝小江對朕說的巨大付出，他對知識的熱愛和探索將永遠地激勵我們。